LE DROIT MIS A LA PORTÉE DE TOUT LE MONDE

LA
PROPRIÉTÉ

PAR

Le Professeur ÉMILE ACOLLAS

Pour le vrai.
Pour le bien.

PARIS

LIBRAIRIE CH. DELAGRAVE

15, RUE SOUFFLOT, 15

LA PROPRIÉTÉ

IMP. GEORGES JACOB, — ORLÉANS.

I E DROIT MIS A LA PORTÉE DE TOUT LE MONDE

LA PROPRIÉTÉ

PAR

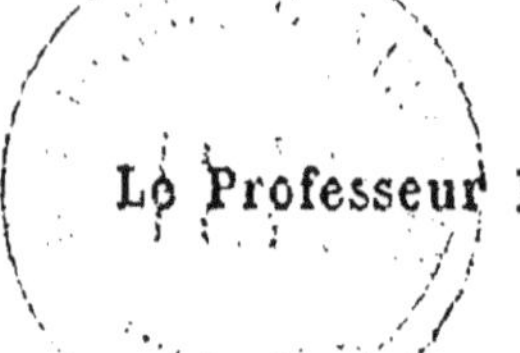

Le Professeur ÉMILE ACOLLAS

Pour le vrai.
Pour le bien.

PARIS

LIBRAIRIE CH. DELAGRAVE

15, RUE SOUFFLOT, 15

1885

LE DROIT

MIS A LA PORTÉE

DE TOUT LE MONDE

Pour le vrai,
Pour le bien.

LA PROPRIÉTÉ

Idées générales.

C'est pour l'homme la loi suprême de développer toute la flamme de son cœur, toute la puissance de son esprit, toutes les forces de son être physique, de reculer le plus loin qu'il peut, avec celles de sa personnalité, les limites de sa liberté; or, l'homme ne se développe et ne vit que par une communion constante avec les choses, qu'en appliquant les choses à ses besoins, en les façonnant, en les transformant, s'il y a lieu, en se les rendant, en tout cas, personnelles et propres.

Et tel est le grand fondement naturel et humain de la propriété.

Mais, dans les sociétés, un ordre est à établir, une règle de justice à poser; dans les nôtres, qui proclament que le titre est égal pour tous et le concours ouvert entre tous, cet ordre, cette règle de justice, en matière de propriété, quels seront-ils?

La formule de l'ordre général dans la société embrasse toutes les institutions et la propriété comme toutes les autres, et c'est, dans toutes, l'accord - - perpétuelle recherche --- entre tous les droits, entre tous les intérêts qui se présentent ensemble pour la pénible lutte de la vie.

Quant à la règle de justice que nous concevons dans la propriété comme la meilleure, c'est celle qui mesurerait à chacun sa part au mérite de son effort et à l'étendue de son besoin.

Justice avant tout à s'appliquer à soi-même, car seul l'individu a compétence pour déterminer ce que réclame son besoin, et, pour chacun, le mérite de son effort ne comporte d'autre expression légitime que le résultat de son travail.

A quoi donc doivent tendre les lois de propriété? A favoriser le plus libre essor des activités individuelles, à réaliser le mieux possible l'harmonie de tous les droits entre eux, de tous les intérêts entre eux, à assurer le mieux possible à chacun la liberté d'acquérir, selon son travail, afin qu'il soit à même de consommer selon ses besoins.

Ici apparaît, dans une évidence éclatante, l'insuffisance de ces lois et de la justice inférieure qui est celle du Droit technique; car le faible, l'infirme, sont plus ou moins hors d'état de compter, pour avoir la propriété et pour vivre, sur le résultat de leur travail personnel, et, si les autres ne leur viennent en aide, ils souffriront et périront.

Ce serait là un mal inhérent à la propriété et à la condition des hommes s'il n'existait que du Droit technique, si, au-dessus de ce Droit et le dominant de toutes les supériorités de la conscience et du cœur sur l'intérêt positif et pécuniaire, ne s'élevait la Morale.

Précisément, parce que la propriété est le plus complet et le mieux armé de tous les droits, il en pourrait devenir le plus abusif, si la Morale, en face de lui, n'en dévoilait la contre-partie: au plus vaste et au plus puissant des droits, dans l'ordre technique, correspond, en effet, une immense série de devoirs moraux, ainsi que nous allons le montrer tout à l'heure.

Mais auparavant, il convient d'insister sur un point.

Engendrée de notre liberté et concourant à l'agrandir, la propriété est un droit *individuel* par nature; aussi sera-ce, en ce qui la concerne, le progrès du Droit technique de la dégager de plus en plus des causes qui la rendent instable et qui, sans une raison suffisante, la limitent. Il y aurait néanmoins grande erreur à penser que le propriétaire doit s'enfermer et comme s'isoler dans son droit; l'individu libre a le moyen, en s'associant aux autres, d'augmenter sa puissance d'action dans des proportions indéfinies; or, ce qui est vrai de l'individu en général l'est aussi de l'individu propriétaire; s'il sait sauvegarder les intérêts de sa personnalité et de sa liberté, le propriétairo libro est appelé à trouver dans l'association les ressources les plus considérables (1).

Les devoirs de la propriété.

Nous n'avons pas le dessein d'écrire ici le chapitre des devoirs de la propriété, et nous en tracerons à peine les principaux linéaments.

Mais il est une remarque que nous ne pouvons omettre dès l'abord, c'est que, tandis que tous nos traités de Morale, quand il s'agit du père de famille, du mari, du citoyen même, opposent sans cesse le devoir au droit, aucun ne s'est préoccupé du même objet pour le propriétaire et n'a mis en parallèle ses devoirs avec ses droits.

Cependant s'il est un droit que, au premier chef, il faille contenir par la notion exacte et par le sentiment impérieux du devoir, c'est, répéterai-je, celui du propriétaire.

Rien n'est plus aveugle, en général, que l'intérêt propre, et à quel degré d'aveuglement cet intérêt n'en peut-il pas venir quand il s'affirme dans le droit le plus complet? Quelle propension alors à se réputer soi-même affranchi de toutes règles, à méconnaître ce qu'en Morale l'on doit aux autres, à fermer son cœur aux inspirations compatissantes et humaines!

Dans l'examen qui va suivre, nous nous placerons

(1) *La liberté dans la solidarité, l'individu libre dans l'association libre;* cette parole, c'est au fronton de son édifice que le droit à venir l'inscrira!

successivement au point de vue des deux droits dans lesquels, selon le Droit technique, s'analyse plus ou moins intégralement le droit de propriété : le droit de jouir et celui de disposer.

Mais si nous entendions écrire ici le chapitre des devoirs de la propriété, il y aurait à commencer par une distinction; on est, en effet, propriétaire de deux sortes d'objets, qui, en ce qui touche aux rapports sociaux, diffèrent beaucoup entre eux : les meubles et les immeubles, et, si notre dessein était de pénétrer quelque peu dans les détails, nous aurions même à sous-distinguer des catégories et à parler spécialement des devoirs du propriétaire de ces meubles, qui, sous le vocable accoutumé de capitaux, jouent un si grand rôle.

Nous ne séparerons pas néanmoins le propriétaire de meubles et de capitaux du propriétaire d'immeubles, et, nous efforçant de les comprendre dans les mêmes formules, nous présenterons le tableau le plus résumé possible des devoirs de tout propriétaire.

Voyons d'abord les devoirs du propriétaire qui correspondent à son droit de jouir.

Le premier devoir qui, au point de vue du droit de jouir, s'impose à tout propriétaire, c'est de ne pas laisser sa chose improductive, sa terre en friche, son argent dans son coffre-fort. De même qu'en tant que membre de la grande famille sociale et humaine, il doit son concours à ce qui est l'œuvre sociale et l'œuvre humaine commune, je veux dire au développement indéfini, à l'agrandissement et à l'élévation des facultés de tous par l'effort de chacun, de même, toute chose susceptible d'être appropriée étant un des outils de ce développement, il n'est pas permis en Morale à celui qui l'a faite personnelle et sienne de la laisser en ses mains inerte et stérile. Il est donc de la plus complète évidence rationnelle que le devoir de jouir de la chose dont on est propriétaire est absolument corrélatif au droit d'en jouir.

Mais comment le propriétaire devra-t-il jouir de sa chose? Nous pourrions nous en tenir aux termes généraux que nous venons de poser tout à l'heure et qui comprennent, à les bien entendre, tout le devoir humain, à savoir s'associer aux autres dans une communauté d'efforts pour améliorer tous par chacun, chacun par tous, pour se porter tous ensemble aussi loin et aussi haut que possible; nous préciserons cependant.

Le propriétaire peut, comme l'on dit, jouir par lui-même, user lui-même de sa chose, la faire fructifier lui-même, ou la concéder à un autre qui en jouira pour son propre compte.

S'il en jouit par lui-même et qu'il se borne à en retirer un simple intérêt d'agrément, sans nul doute cette façon d'user de la propriété a toute la légitimité possible, et il n'est aucun de nous, aussi bien le plus pauvre que le plus riche, qui ne soit enclin, à un moment donné, à satisfaire un intérêt semblable; mais, même dans l'intérêt d'agrément, l'intérêt humain doit trouver son compte, ce qui implique d'ailleurs que, dans tous les cas où l'on satisfait l'intérêt d'agrément, il existe une question de mesure que chacun a pour lui-même charge de débattre et de résoudre avec sa raison et sa conscience.

Si le propriétaire fait fructifier sa chose, alors nous

voici en présence des différents moyens pour chacun de rendre productifs sa terre, son usine, sa maison, son argent; nous aurions à considérer le devoir du propriétaire dans le louage d'industrie, dans l'achat et la vente, dans le louage des choses, dans le prêt à intérêt.

Dans le louage d'industrie nous trouverions le propriétaire agricole, industriel ou commerçant, en face de tous ceux qui, sous le nom d'ouvriers, d'employés ou d'agents, sont, à des titres si divers et si nombreux, ses collaborateurs de chaque jour. Le propriétaire ne peut rien sans eux; de quoi, par conséquent, ne leur est-il pas redevable? Et c'est certes trop peu qu'il leur donne une rénumération qui suffise à leurs besoins physiques, car l'homme n'a pas seulement des besoins physiques; et, comme il n'est pas à nier que du fait et du zèle de ces précieux auxiliaires dépend, dans une large mesure, l'accroissement des bénéfices, il ne serait que conforme à la justice, et ce serait par suite vraie sagesse, la justice prenant tôt ou tard ses revanches, de faire participer toute cette foule de travailleurs aux bénéfices de l'entreprise.

Dans l'achat et la vente, à côté du droit incontestable d'acheter au prix le plus bas et de vendre au prix le plus élevé possible, il y a pour le propriétaire le devoir de n'user de sa force ni pour acheter trop au-dessous du cours normal, ni pour vendre trop au-dessus.

Dans le louage de choses, si c'est sa terre que le propriétaire afferme, son devoir est de ne pas écraser le fermier sous le poids d'une redevance exagérée; si c'est sa maison, les devoirs se dressent plus variés et plus complexes; tous se résument dans cette parole : Se respecter dans les autres, s'aimer dans les autres.

Quant au prêt à intérêt, qu'à la différence de l'ancien droit, il faut tenir pour aussi légitime que le louage d'une terre ou d'une maison, mais qui, par l'effet du développement économique, joue, en nos temps, un rôle si considérable et est appelé à en jouer un bien autrement considérable encore, quant à ce contrat qui sert à mettre l'instrument de travail sous sa forme la plus maniable, la plus abondante, la plus puissante, la plus précieuse, à la disposition des individus, des activités qui en sont privées, s'il ouvre un vaste champ à la spéculation du capitaliste, non moins étendu est celui qu'il peut ouvrir à sa conscience.

D'abord, entre les placements, sans négliger les conseils de la prudence, sans écarter même ceux de l'intérêt personnel, le capitaliste choisira les plus honnêtes, les plus propres à mettre en œuvre et en mouvement les activités les meilleures. Il augmentera, comme il en a le droit, sa fortune et son bien-être; mais, bien loin de se sacrifier les autres, c'est dans leur prospérité qu'il cherchera le plus solide appui de la sienne.

Pour ce qui est de l'intérêt, du loyer des capitaux, la règle morale, d'autant plus délicate que dans l'application elle est plus variable, c'est que le capitaliste associe comme toujours à la considération de son intérêt propre celle de l'intérêt de l'emprunteur, et que, tout en stipulant un intérêt suffisant pour lui-même, il ne le rende pas onéreux pour l'emprunteur.

Des devoirs corrélatifs au droit de jouir, passons maintenant à ceux qui correspondent au droit de disposer.

Le droit de disposer se présente sous deux aspects : il est le droit de consommer et le droit d'aliéner.

En tant que droit de consommer, nous n'aurions à en dire autre chose que ce que nous avons marqué plus haut; toute consommation, qu'elle s'applique à des fruits ou à la chose elle-même, puise sa légitimité et sa mesure dans le devoir général de l'homme de faire tout ce qui contribue à son développement et de ne rien faire qui y nuise.

A l'égard du droit d'aliéner, nous n'ajouterons rien non plus à ce que nous avons indiqué pour les devoirs du vendeur, mais nous insisterons quelque peu sur l'aliénation à titre gratuit.

L'aliénation, ou, comme l'on dit ordinairement, la disposition à titre gratuit, occupe dans l'histoire politique une place qui n'est pas sans importance (1) ; il nous paraît, en nous plaçant au point de vue moral, qu'elle se prêterait, dans l'avenir, à un rôle considérable, sinon sous la forme de la donation entre vifs, — car l'homme est peu porté à se dépouiller de son vivant, et, dans nos sociétés d'égalisation démocratique, les grandes fortunes deviennent et de plus en plus deviendront rares, — au moins sous celle de la disposition à cause de mort, du testament.

(1) C'est ainsi qu'à Rome, dans un intérêt d'égalité, on mit des bornes à la faculté de disposer à titre gratuit, et que, plus tard, on essaya de s'en servir pour porter remède à la dépopulation de l'Empire.

Quel est ce rôle moral? Quels sont précisément, dans la disposition à titre gratuit, les devoirs du propriétaire?

Il faut bien convenir que, de prime abord, cette manière de disposer paraît fausser les conditions du libre concours entre les diverses activités, puisqu'elle fait entrer dans la fortune de l'individu les produits du travail d'un autre; mais cette nature même fixe à la disposition à titre gratuit son haut rang moral.

Par elle le propriétaire se trouve en état de subvenir pour les autres aux inégalités de nature ou d'origine, de pallier les injustices du sort, de suivre les propensions les mieux raisonnées de son cœur, et ainsi arrive-t-il que, bien loin de fausser par son essence les conditions du concours social, la disposition à titre gratuit est, au contraire, propre à rétablir, dans une certaine mesure, les conditions d'égalité de ce concours.

C'est donc une véritable magistrature morale que le propriétaire exerce en usant de la faculté de disposer à titre gratuit; or, cette magistrature morale, c'est un devoir pour lui de l'exercer, dans tous les cas, en usant du droit de laisser un testament, car, la fortune une fois acquise, il faut de toute nécessité qu'elle se transmette gratuitement à la mort du propriétaire, et, dans l'ordre du devoir, dans l'ordre de la liberté et de la responsabilité, quelle supériorité le testament, la manifestation d'une volonté positive et spéciale ne présente-t-elle pas sur la règle abstraite et générale, sur le système de présomptions et de suppléance qui constitue la succession *ab intestat!*

Que s'il s'agit de la donation entre vifs, la conscience

éclairée du propriétaire a seule compétence pour décider des cas dans lesquels il doit la pratiquer et dans quelle mesure.

Il reste à déterminer quels doivent être les bénéficiaires de la libéralité du testateur ou du donateur. Nous ne pouvons que répéter que ce sont les plus méritants ou ceux qui, individus ou collectivités, sont aptes à faire de la propriété le meilleur usage.

Indications historiques.

A mesure que l'individu humain a acquis la conscience de son activité propre et qu'il a pris possession de lui-même, qu'il a senti que, dans la nature, le cercle qui l'enserrait était moins étroit que celui qui enserre les autres êtres et pouvait être agrandi, à mesure aussi voit-on se développer en lui, à travers les âges, l'idée de l'appropriation individuelle et du droit de chacun aux fruits de son travail.

C'est en s'appliquant aux objets mobiliers que l'appropriation individuelle a évidemment débuté chez les races humaines; car il faut bien de toute nécessité être propriétaire, à titre individuel, au moins des objets que réclame la satisfaction des besoins physiques; mais, pour des peuples pêcheurs, chasseurs ou pasteurs, de quelle importance peut être la propriété mobilière!

Il n'est pas douteux, pour l'immobilière, que chez nos ancêtres aryens, elle n'ait commencé par être collective et par appartenir à des tribus, à des agrégations de familles vivant ensemble sur le même sol.

C'est ainsi que, sous des formes diverses, cette communauté exista chez les Hindous, chez les Slaves, chez les Germains; bien que des écrivains de renom l'aient nié, elle fut également pratiquée chez les Romains à l'origine, et l'on en retrouve des vestiges dans les lois de plusieurs cités de la Grèce, même dans celles de cette Athènes où, aux temps anciens, l'idée du droit libre de chacun projeta ses plus vives lueurs.

C'est donc bien un des traits des sociétés primitives que la communauté de la propriété foncière entre les membres de la même tribu, du même village, — et plus parvenons-nous à découvrir l'histoire de l'Humanité primitive, plus ce trait apparaît-il !

Cette première étape de la propriété est plus ou moins longue à franchir pour les différents peuples, et il en est qui, tout en étant, depuis des siècles, engagés dans les voies de la civilisation, ne l'ont pas encore dépassée; chez la plupart, à la propriété de la tribu ou du village succède celle de la famille, seconde étape qui nous ramène à la législation sur laquelle ont construit, dans une mesure si large, les nations modernes, nous voulons dire celle de Rome.

Lorsqu'on considère l'évolution du droit de propriété dans la législation romaine, on est frappé de deux choses qui semblent s'exclure : la propriété demeure familiale et en même temps elle revêt le caractère individuel le plus énergique; car les droits de la famille sommeillent tant que vit celui qui en est le chef; maître absolu des personnes, le père de famille l'est aussi des biens.

Mais comment, dans un pareil état, l'abus n'existerait-il pas en permanence, alors surtout, il faut bien l'ajouter, que la propriété romaine n'eut d'autres bases que la conquête, l'usurpation et le travail des esclaves ?

Aussi que se produisit-il ? L'inégalité des conditions alla à Rome en creusant des abîmes entre les différentes classes de citoyens ; les pauvres devinrent de plus en plus pauvres et de plus en plus nombreux, les riches de plus en plus riches et de moins en moins nombreux, si bien qu'un jour arriva où six personnes, à elles seules, disposèrent en propriété de la moitié de l'Afrique romaine !

Que si l'on cherche la preuve historique du lien qui rattache le dégagement de la personnalité à l'attribution de la propriété individuelle, on ne saurait en rencontrer de plus convaincante que celle que nous présente le droit romain au sujet du fils de famille. C'est la théorie des pécules, c'est-à-dire d'un certain ensemble de biens appartenant en propre au fils de famille, qui l'aide à étendre peu à peu le domaine de sa personnalité et de ses droits.

Cependant le monde romain, politiquement, a pris fin ; les temps qu'on a nommés le Moyen-Age arrivent ; avec l'invasion des barbares, tout est confusion d'abord : dans la Gaule, à côté de la propriété romaine qui subsiste au midi, les conquérants germains ont importé au nord leurs communautés de village, et, tout auprès, les chefs de ces conquérants se partagent entre eux, à titre individuel, et partagent de la même façon entre leurs compagnons de nombreux domaines.

En somme, le mouvement d'individualisation de la

propriété foncière ne s'arrête pas; la hiérarchie féodale s'organisera et se développera, les communautés des familles serves succéderont aux communautés germaines, le même mouvement continuera; car, dans toute tenure féodale, et, sans parler des terres franches, les alleux, qui échappent à l'ensemble du régime, il existe, sauf les obligations féodales, une propriété privée; or, au jour où croulera la féodalité, cette propriété demeurera, et, à ce même jour, les paysans, sortis des communautés serves, auront déjà commencé à créer la petite propriété rurale (1).

C'est la Révolution française qui balaie les derniers débris de la féodalité; c'est elle qui, en proclamant l'égalité dans les partages de succession, elle qui, en opérant la vente en masse des biens des émigrés, dissémine les grandes fortunes immobilières et achève de populariser la propriété privée; et, chose plus considérable, c'est elle enfin qui, la première, marque dans une formule légale le vrai titre de la propriété nouvelle, à savoir pour chacun le fruit de son travail (2).

Malheureusement, la Révolution n'eut que le senti-

---

(1) Quand le célèbre voyageur anglais Young parcourut la France (1787 et 1788), il fut déjà frappé de l'extrême diffusion de la propriété foncière.

(2) « Le droit de propriété, porte l'article 16 de la Déclaration des droits de l'homme de 1793, est celui qui appartient à tout citoyen de disposer à son gré de ses biens, de ses revenus, *du fruit* de son travail et de son industrie. »

(V. pour l'explication détaillée et pour la critique de cette définition notre *Commentaire de la Déclaration des droits de l'homme*, Paris, Chevalier-Marescq, 1885.)

ment vague de ce que contenait une telle prémisse, et,
dans le détail de son œuvre, elle ne sut ensuite que
sacrifier d'une façon à peu près constante le droit individuel aux traditions de la copropriété familiale et
du droit supérieur de l'État.

A son tour, le Code civil recueillit tous ces vieux
dogmes, et, en particulier, celui de l'omnipotence de
l'État; il rejeta, au contraire, dans l'ombre, le titre
de la propriété promulgué par la Révolution, et se
borna, pour l'ensemble, à suivre les errements de la
législation romaine. Néanmoins, ce Code a adopté le
principe de l'égalité dans les partages, et, par là, dans
le domaine des faits, il ne s'est point écarté de la ligne
générale des progrès de la propriété.

En résumé, l'histoire démontre que, malgré des re-
tards et même des reculs au moins apparents dans
certains lieux et à certaines époques, l'Humanité, en
titubant, marche à la fois vers l'individualisation et
vers la diffusion la plus complète possible de la pro
priété, et elle démontre aussi que c'est du même pas
que l'homme s'avance à la conquête de la propriété et
à celle de la liberté dans tous les ordres.

CODE CIVIL.

(Articles 544-577, 640-685, 711-717.)

Notions préliminaires.

D'après le texte du Code civil, le droit de propriété aurait le double caractère d'être à la fois une sorte de droit absolu et un droit susceptible d'être limité par les lois et par les règlements (1).

En tant que droit absolu, le droit de propriété comprend la faculté de retirer de la chose tous les avantages qu'elle peut procurer; c'est ce que le Code a la pensée d'exprimer en disant qu'elle est le droit de *jouir* et de *disposer* de la chose de la manière la plus absolue.

La propriété est le droit de jouir, c'est-à-dire le droit de percevoir les *fruits*, et aussi de se servir de la chose pour tous les *usages* qu'elle comporte (2).

(1) Il y a évidemment contradiction dans les termes de la définition du Code, à les prendre dans leur sens littéral; mais ce que le Code a voulu dire, c'est que la propriété est le plus complet des droits, quoique n'étant d'ailleurs, et ne pouvant être, comme tous les autres, qu'un droit relatif. L'absolu n'est pas de l'homme.

(2) Remarquons qu'il est des choses dont on ne peut, en

La propriété est, en outre, le droit de disposer, et c'est là son principal caractère; or, le droit de disposer, comme déjà nous le savons, se décompose en deux autres droits, celui de *transformer* et celui d'*aliéner*.

Transformer, c'est changer la forme d'une chose, soit en augmentant, soit en diminuant ou même en détruisant l'utilité de cette chose.

Aliéner, c'est transférer sa chose à autrui, soit en recevant une valeur en échange, soit en n'en recevant aucune. Dans le premier cas, c'est l'aliénation dite *à titre onéreux*, dans le second cas, l'aliénation dite *à titre gratuit*.

On sait à quel point est considérable l'importance économique de la première, et nous avons essayé (v. pp. 13-15) de faire ressortir l'importance morale que pourrait acquérir la seconde.

En tant que droit enfermé dans certaines limites, le droit de propriété en rencontre devant lui de très nombreuses et de très diverses.

Les unes sont réputées être imposées par l'intérêt social (1) : ainsi l'expropriation pour cause d'utilité pu-

général, user sans les consommer, par exemple toutes celles qui servent à nous alimenter; pour ces choses, en fait de propriété, le droit de *jouir* se confond avec le droit de *disposer*; mais, qu'il s'agisse, par exemple, d'usufruit au lieu de propriété, le droit de jouir restera théoriquement distinct du droit de disposer, l'usufruitier, comme nous l'expliquerons dans l'usufruit, aura à restituer les choses en un équivalent.

(1) Nous disons qu'elles sont *réputées* être imposées, et non

blique, la concession des mines, la durée temporaire
du droit de propriété littéraire et du droit de l'inventeur sur sa découverte, certaines règles relatives à la
mitoyenneté, etc.

Les autres sont commandées, pour les immeubles,
par la situation des lieux et également par l'intérêt
social : ainsi la nécessité pour le propriétaire du fonds
inférieur de recevoir les eaux découlant d'elles-mêmes
du fonds supérieur ; pareillement, la nécessité pour
certains propriétaires de livrer passage sur leurs fonds,
dans des conditions déterminées, aux eaux d'irrigation, aux eaux nuisibles, à celles qui proviennent du
drainage (1). (V. plus bas, p. 44, chap. II.)

Pour compléter ces notions sur la nature juridique
générale de la propriété, ajoutons qu'elle est le premier de tous les droits dénommés techniquement
droits *réels*, qu'elle constitue le droit réel par excel-
lence.

Mais qu'est-ce qu'un droit réel et quels sont les attributs du droit réel ?

Le droit réel, que l'on oppose au droit *personnel*
(*créance, obligation, dette*), se reconnaît à ce signe

pas qu'elles sont imposées par l'intérêt social, parce que la
raison d'être de plusieurs est fort contestée et qu'elle est, en
vérité, fort contestable.

(1) Ces deux catégories, la première si vaste, de limitations
du droit de propriété, ont, comme on le voit, ce trait commun
d'être rapportées, en définitive, à l'intérêt de chacun et de
tous ; ou, pour le dire en un langage meilleur, la propriété,
comme tous les droits, rencontre comme limite devant elle le
droit de chacun et de tous.

qu'on ne peut savoir de primo abord contre quelle personne *déterminément* on aura lieu de l'invoquer, qu'on
est fondé à l'invoquer contre tous *indéterminément*, et
que la personne contre laquelle on a lieu, en définitive, de le faire valoir devant les tribunaux, ne se détermine que par la prétention qu'elle élève à la chose
qui forme l'objet du droit.

Prenons pour exemple la propriété elle-même : Je
suis propriétaire du fonds A ; or, le droit que j'ai sur
le fonds A, ce n'est pas contre une personne déterminée que je l'ai, c'est contre tous indéterminément,
et, pour ainsi dire, contre la collectivité sociale tout
entière. Quant à la personne contre laquelle il est possible que j'aie à faire valoir en justice mon droit sur
ce fonds, je ne la connais pas et ne puis la connaître,
car ce serait, en effet, quiconque prétendrait, à mon
détriment, être propriétaire du fonds A, ou avoir droit à
un des démembrements ou fractionnements de la propriété du fonds A (1).

De cette notion il résulte, d'ailleurs, que la propriété confère, en principe, à celui auquel elle appartient, un droit d'exclusion à l'égard de tous les autres ;
aussi la chose qui en est l'objet peut-elle être réclamée par le propriétaire entre les mains de tout tiers
qui la détiendrait.

C'est ce qu'on appelle le droit *de suite* de la propriété, et l'action en justice au moyen de laquelle on

____

(1) Voir, au surplus, dans LES CONTRATS ET LES OBLIGA
TIONS CONTRACTUELLES (p. 17-19) la comparaison du droit *réel*
et du droit *personnel*.

fait valoir ce droit de suite et l'on réclame la propriété porte le nom d'*action en revendication*.

Tous les autres droits réels entraînent, d'ailleurs, comme la propriété, un droit d'exclusion, et, en principe, un droit de suite.

La propriété a pour objet les choses les plus diverses; d'une manière aussi générale que possible, elle s'applique :

Aux choses matérielles;

Aux œuvres de l'intelligence (1).

Le Code civil a abandonné à des lois spéciales le règlement de la propriété relative aux œuvres de l'intelligence; quant à la propriété des choses matérielles, il ne s'occupe pas de l'importante propriété des navires, et c'est dans le Code de commerce qu'il en faut chercher les règles.

Il y a, du reste, à remarquer que le Code civil n'accorde à la propriété des meubles qu'une place fort restreinte et tout à fait subalterne; à l'époque, déjà ancienne, où il fut rédigé, la propriété des meubles était loin d'avoir acquis le développement auquel elle est parvenue dans le cours de ce siècle; aussi ses dispositions concernent-elles avant tout la propriété des immeubles.

Nous exposerons :

1° Les conséquences du droit de propriété (droit du propriétaire du sol au dessus et au dessous, droit de clôture, droit au bornage), et, en outre, ce que le Code nomme *le droit d'accession;*

____

(1) C'est la propriété dite *littéraire, artistique* et *industrielle.*

2º Les limitations si nombreuses du droit de propriété;

3º La nomenclature, les définitions et les classifications des modes d'acquérir et de transmettre la propriété;

4º La nomenclature et les définitions des démembrements de la propriété communément admis;

5º Les notions générales de la possession.

Dans un appendice, nous reviendrons sur le principe de la propriété des œuvres de l'intelligence.

CHAPITRE PREMIER

Conséquences du droit de propriété (droit du propriétaire du sol au dessus et au dessous, droit de clôture, droit de bornage), et, en outre, selon la terminologie du Code, droit d'accession.

Droit du propriétaire du sol à la propriété du dessus et du dessous.

Autrefois, en une langue pittoresque, l'on disait que la propriété du sol comprend, en principe, le rez-de-chaussée (la surface), le ciel (le dessus), les enfers (le dessous, fonds et tréfonds).

Cependant, il est possible que :

La surface soit à l'un ;

Le dessus, à un autre ;

Le dessous, à un troisième.

Comme nous le verrons, on appelle spécialement du nom de *droit de superficie* le droit qui s'applique seulement au dessus. (V. p. 85.)

Parmi les lois et règlements qui limitent le droit du propriétaire, relativement au dessous, figure, au premier rang, la loi sur les mines dont nous aurons à parler plus bas. (V. p. 46.)

Droit de clôture du propriétaire du sol.

Autrefois, le seigneur féodal avait le *droit de chasse*
sur les terres de ses tenanciers, et ceux-ci ne
pouvaient se clore à leur guise; ils devaient laisser dévaster leurs cultures, au besoin se laisser
ruiner!

C'était le bon vieux temps!

D'autre part, sous le nom de *parcours* et de
vaine pâture, certaines coutumes avaient été ame-
nées, par l'absence de tout système économique
et par la misère des campagnes, à reconnaître deux
nouvelles entraves au droit de se clore, toutes les
deux non moins fatales que le droit de chasse au
développement de l'agriculture, le parcours et la vaine
pâture.

Le parcours, appelé aussi *entre-cours* et *marchage*,
était le droit des habitants de plusieurs communes
de faire paître leurs bestiaux sur les héritages les uns
des autres après la perception des récoltes.

La vaine pâture, c'était ce même droit exercé par
les habitants d'une même commune (1).

La Révolution abolit l'insolente prérogative du droit

(1) Il y a à remarquer sur ces définitions usuelles : 1° Que
les droits de parcours et de vaine pâture qui survivent
encore de nos jours existent souvent sans réciprocité ;
2° qu'ils existent souvent au profit de communes ou de sec-
tions de communes sur des biens appartenant à des particuliers, ou réciproquement.

de chasse et chercha à faire disparaître les droits de parcours et de vaine pâture.

Aujourd'hui, sauf le cas où le droit de vaine pâture existe entre deux particuliers et est fondé sur un titre, il est toujours permis au propriétaire de s'en affranchir par la clôture de ses héritages; seulement, dans l'hypothèse d'un droit réciproque, le propriétaire qui veut se clore perd son droit au parcours et à la vaine pâture en proportion du terrain qu'il y soustrait.

Ainsi, lorsque le propriétaire soustrait un quart de ses terres au parcours ou à la vaine pâture, le nombre de têtes de bétail qu'il pourra continuer d'envoyer sera également restreint d'un quart.

Quand ce droit est fondé sur un titre entre particuliers, le propriétaire n'est pas privé de la faculté de s'en exonérer, mais il ne le peut faire que par un rachat à dire d'experts, soit à prix d'argent, soit par voie de cantonnement, c'est-à-dire d'abandon d'une partie du fonds grevé pour libérer le surplus.

Droit pour le propriétaire du sol de contraindre son voisin au bornage.

Personne n'ignore ce que c'est que le *bornage*, et, de toute évidence, il n'existe pas une consécration plus accusée du droit de propriété que le droit pour un propriétaire de poser une borne afin de séparer son champ de celui du voisin; mais, comme le voisin profite nécessairement du bornage, il y doit concourir et payer sa part des frais.

Si la propriété n'est pas contestée, c'est le juge de

paix de la situation des lieux qui est compétent pour connaître de l'action en bornage ; si la propriété est contestée, en d'autres termes, si les propriétaires voisins ne s'entendent pas sur les limites respectives de leurs héritages, c'est au tribunal de première instance de la situation des lieux que passe la compétence.

L'usufruitier, l'usager, le possesseur, ont qualité pour intenter l'action en bornage, comme le propriétaire.

Droit d'accession.

L'accession, c'est, théoriquement, le fait qui consiste en ce qu'une chose réputée *accessoire* a été jointe à une autre réputée *principale*. Par exemple, disaient les Romains, auxquels nous avons emprunté le mot, j'ai un vêtement et j'y attache votre pourpre ; votre pourpre désormais n'est plus distincte de mon vêtement : il y a accession de la pourpre au vêtement ; la propriété de la pourpre a cessé d'être à vous et m'est acquise, sauf l'action en indemnité dont je puis être passible envers vous, et sauf aussi, s'il y a lieu, toute action pénale contre moi.

C'est qu'en effet, d'après le système formaliste de la procédure romaine, il arrivait souvent que le propriétaire de la chose accessoire se trouvait dans l'impossibilité de ravoir cette chose qui devenait ainsi, par une nécessité toute juridique et toute romaine, la propriété de celui auquel appartenait la chose principale.

On débat le point de savoir si, traditions écartées et selon la raison, l'accession doit être classée parmi les modes d'acquisition de la propriété ou s'il ne vaudrait pas mieux présenter, en général, les cas qu'on y rattache comme des conséquences logiques du droit de propriété. Nous nous bornerons à dire que le Code admet la première idée, et que la seconde nous paraît seule acceptable (1).

Quoi qu'il en soit, le propriétaire acquiert, d'après le Code, par accession :

1° Tout ce que produit la chose;

2° Tout ce qui s'unit accessoirement à la chose d'une manière naturelle;

3° Tout ce qui s'unit accessoirement à la chose d'une manière artificielle.

(1) Rendons claire, en quelques mots, la prémisse de ce débat obscur. C'est à Pothier que les rédacteurs du Code civil ont emprunté l'idée de l'accession comme mode d'acquisition.

Pothier, de son côté, avait cru rencontrer ce mode d'acquérir dans les textes du Droit romain.

Le Droit romain, en réalité, ne parlait de l'accession que comme d'un résultat.

Et, au point de vue de la science du juste comme à celui de la raison, elle ne saurait être autre chose, elle ne peut être une manière d'acquérir.

Dans le droit moderne, en effet, nous ne séparons pas l'idée de la manière d'acquérir de celle d'une certaine cause légitimant l'acquisition.

Or, prise en elle-même, l'accession n'est ni légitime, ni illégitime; et, quand le propriétaire d'une chose réputée *accessoire* doit être dépossédé au profit du propriétaire d'une chose réputée *principale*, il reste toujours à se demander pourquoi il doit l'être, pourquoi il est *rationnel* et *juste* qu'il le soit. Dire qu'il l'est pour cause d'accession, c'est expliquer un fait par ce fait même.

Droit d'accession sur ce qui est produit par la chose.

Il s'agit ici du droit du propriétaire sur les produits de sa chose.

Le terme de *produits* est celui dont se sert l'Économie politique, et c'est le bon, parce que c'est le plus général.

Le Code civil, préoccupé surtout de la propriété foncière, emploie celui de *fruits.*

Il distingue ensuite :

Les fruits *naturels* et *industriels* de la terre ;

Le croît des animaux ;

Les fruits *civils.*

On définit, en droit, les fruits naturels et industriels en disant que ce sont des produits *périodiques* de la chose selon sa destination.

Dans cette définition rentre, comme l'on voit, le croît des animaux.

Quant à la différence entre les fruits naturels et les fruits industriels, elle consiste en ce que les fruits naturels sont ceux que la chose produit spontanément, et les produits industriels, dont il n'est question qu'en ce qui concerne la terre, ceux qu'on obtient par la culture.

Dans l'état actuel, chez nous, les fruits de la terre sont, pour ainsi dire, exclusivement industriels ; les fruits naturels sont à peine à citer.

Néanmoins, si l'on ne considère pas uniquement la terre, il y a à ranger parmi les fruits naturels le croît des animaux, la laine, le lait, le miel, les fumiers.

A l'égard des objets que la chose n'est pas destinée

à produire et à reproduire régulièrement, c'est à eux que, dans la langue juridique actuelle, on réserve le nom de *produits*.

Ainsi, sont des produits : les bois de haute futaie non mis en coupes réglées, les pierres des carrières qui ne sont pas en exploitation.

Si la futaie est mise en coupes réglées et si la carrière est en exploitation, alors ce sont des fruits qu'elles produisent.

Arrivons aux fruits civils.

On appelle de ce nom la valeur représentative en argent ou en nature (presque toujours en argent) de l'utilité que peut procurer la chose.

Ainsi, sont des fruits civils : les fermages, les loyers des maisons, les intérêts des capitaux, les arrérages des rentes.

On voit qu'à la différence des fruits naturels eu industriels, les fruits civils ne naissent pas du corps même de la chose, mais sont perçus à l'occasion de la chose (1).

---

(1) Cette nomenclature est fort incomplète et fort imparfaite ; elle est tout à fait en retard sur notre état économique, car elle va jusqu'à omettre le nombre si considérable des produits résultant de la force combinée du travail et du capital. Aussi, tous les économistes sont-ils d'accord pour la critiquer, et il y a près de cinquante ans qu'un des plus autorisés, Rossi, proclamait la nécessité de la réformer.

Avons-nous, d'ailleurs, besoin de faire remarquer combien le mot et l'idée *d'accession* se justifient peu pour l'acquisition des fruits au propriétaire, puisque cette question ne se pose et n'est tranchée au profit du propriétaire, qu'au moment où les fruits cessent *d'accéder* à la chose.

Les fruits, avons-nous dit, appartiennent, en principe, au propriétaire; cependant il peut arriver que le simple possesseur les acquière de préférence au propriétaire.

Mais qu'est-ce que le possesseur, et tout possesseur acquiert-il les fruits?

D'abord, la personne qu'on appelle le *possesseur*, en l'opposant au propriétaire, c'est celle qui, sans avoir la qualité de propriétaire, en exerce le droit.

Par exemple, j'ai acheté un immeuble d'un faux propriétaire; je possède cet immeuble comme m'appartenant; je suis un possesseur au sens juridique.

Ajoutons que c'est seulement le *possesseur de bonne foi* qui acquiert les fruits, c'est-à-dire le possesseur qui a la conviction que la chose lui appartient et qui peut invoquer une cause légale d'acquisition, un *juste titre*, comme on dit en droit : ainsi une vente, un échange (1).

Le possesseur de bonne foi gagne tous les fruits, aussi bien les fruits naturels et civils que les fruits industriels.

A l'égard des produits qui ne sont pas des fruits, on les attribue généralement au possesseur de bonne foi, si, au moment où la possession a commencé, ils pouvaient être considérés comme des fruits, à raison de

(1) On admet même qu'il suffit que la personne puisse se croire raisonnablement fondée à invoquer un titre, ce titre n'existât-il pas.

Le mot *titre*, au lieu de désigner la cause légale d'acquisition, désigne fréquemment, et surtout en pratique, l'écrit qui constate cette cause, qui constate la vente, l'échange.

la destination que le propriétaire avait déjà donnée à la chose (futaies déjà mises en coupes réglées, carrières en exploitation, etc.).

Dans le cas contraire, on les lui refuse.

Le possesseur de bonne foi gagne les fruits naturels et industriels à partir de leur séparation d'avec la chose, quelle que soit la manière, vol même ou récolte, dont cette séparation se soit opérée. Quant aux fruits civils, il les gagne, comme le propriétaire, jour par jour.

La bonne foi du possesseur doit exister au moment même de chaque acquisition successive des fruits, et son droit aux fruits cesse dès le moment qu'il a appris, d'une manière quelconque, que la chose ne lui appartenait pas.]

A la différence du possesseur de bonne foi, le *possesseur de mauvaise foi*, c'est-à-dire celui qui sait que le droit de propriété qu'il exerce ne lui appartient pas, non seulement est tenu de restituer tous les fruits qu'il a perçus ou la valeur de ces fruits, mais encore tous ceux qu'il a négligé de percevoir et que le propriétaire eût perçus à sa place (1). (V., au surplus, p. 89, le chapitre V, *Notions générales de la possession*.)

(1) Il y a aussi des différences entre les deux possesseurs, relativement à la restitution de la chose; ainsi, quand la chose périt par cas fortuit entre les mains du possesseur de bonne foi, elle périt pour le compte du propriétaire, tandis que, dans la même hypothèse, le possesseur de mauvaise foi en doit le prix au propriétaire, à moins qu'il ne prouve qu'elle eût également péri chez ce dernier.

Droit d'accession sur ce qui s'unit et s'incorpore
à la chose.

ACCESSION EN MATIÈRE IMMOBILIÈRE.

Le Code civil applique, en matière immobilière, le droit d'accession :

1o Aux constructions, plantations et ouvrages qui peuvent être faits au-dessus et au-dessous du sol;

2o Aux accroissements qui peuvent résulter, pour le sol, du voisinage des fleuves et rivières;

3o Enfin, aux animaux sauvages qui, en se fixant sur un fonds, deviennent, en quelque sorte, des accessoires de ce fonds.

Il faut, d'ailleurs, bien retenir que, dans toutes les hypothèses que nous allons indiquer, il ne s'agit que de l'attribution de la propriété, et qu'il se trouve toujours deux questions éventuellement réservées, celle des dommages-intérêts dûs à la personne privée de son droit de propriété et celle de l'action pénale contre la personne qui aurait commis un délit en portant atteinte à ce droit.

Constructions, plantations et ouvrages.

La loi admet deux présomptions relativement aux constructions, plantations et ouvrages sur un terrain ou dans l'intérieur d'un terrain.

La première est que toutes ces constructions, plantations et ouvrages sont réputés avoir été faits par le propriétaire du terrain.

La seconde consiste en ce que, fût-il prouvé que ces constructions, plantations et ouvrages ont été faits par un autre que le propriétaire, ils sont réputés avoir été faits aux frais du propriétaire.

Il y a mieux : s'il est prouvé même que les constructions, plantations et ouvrages ont été faits par un tiers et aux frais de ce tiers, ils n'en appartiennent pas moins, comme nous allons le voir, au propriétaire du terrain.

La première présomption ne peut être détruite qu'en alléguant, pour la propriété de constructions sur le sol d'autrui ou d'un souterrain sous le sol d'autrui, soit un titre, soit la prescription.

La seconde cède devant la preuve que le propriétaire du sol a fait les travaux avec les matériaux d'autrui, ou que c'est un tiers qui les a faits avec ses propres· matériaux.

Travaux faits par le propriétaire du sol avec les matériaux d'autrui.

De ce que toute construction faite sur un terrain est réputée avoir été faite aux frais du propriétaire de ce terrain, il résulte manifestement que, dans le cas que nous supposons, c'est d'abord au tiers à prouver son droit sur les matériaux.

Ce droit prouvé, le propriétaire des matériaux ne peut réclamer qu'une indemnité; il se trouve donc exproprié par suite de l'incorporation des matériaux dans le bâtiment, qui lui-même fait partie du sol (1).

(1) Cette décision nous vient du Droit romain, qui craignait

A l'égard des arbres et des plantes, le seul fait de la plantation dans le sol d'autrui met à néant, de par la loi ! l'action en revendication du propriétaire.

Travaux faits par un tiers avec ses matériaux sur le sol d'autrui.

Il s'agit d'une personne qui, d'intention comme de fait, possède, en propriétaire, un terrain qui ne lui appartient pas, et qui élève des constructions sur ce terrain.

Si cette personne, ce tiers, est de bonne foi, le propriétaire du sol ne peut le forcer à rétablir les lieux dans le premier état, et il lui doit une indemnité calculée sur la plus-value que les travaux ont procurée au terrain.

Si le tiers est de mauvaise foi, le propriétaire a le droit d'opter entre le rétablissement des lieux dans le premier état et le maintien des travaux. Lorsqu'il opte pour le maintien, il doit alors au tiers une indemnité dont le maximum, d'après la loi, serait égal au montant de la dépense, mais qui sera, en général, de beaucoup inférieure, à raison du droit qu'a le propriétaire du sol de forcer le possesseur de mauvaise foi, non seulement à démolir ses constructions, mais à rétablir

qu'en laissant agir en revendication les propriétaires de matériaux dérobés, *la ville ne fût déparée par des ruines*.

Mais c'est que, sans doute, on ne se gênait pas à Rome pour voler les matériaux du voisin. Il eût été sans danger chez nous, et juste en même temps, de délier les mains du propriétaire des matériaux, et de le laisser libre de plaider avec le propriétaire du sol ou de s'arranger avec lui.

3

les lieux dans le premier état, ce qui amènera presque toujours ce dernier à composition (1).

En dehors du cas du possesseur proprement dit, la question des constructions faites sur le terrain d'autrui se présente assez fréquemment dans la pratique, car, plus d'une fois, il arrive qu'un usufruitier, un fermier ou un locataire élève des constructions sur le sol dont il n'a que la jouissance.

Accroissements par les fleuves et par les rivières.

Les propriétaires riverains profitent :

1° Des *alluvions* et des *relais* qui se forment sur la rive des fleuves ou des rivières.

On appelle :

Alluvion — l'amas de terre que les eaux forment successivement et imperceptiblement sur le bord de la rive ;

Relais — la portion du lit que les eaux courantes laissent à sec en se retirant de l'une des rives pour se porter sur l'autre.

L'alluvion ne s'applique pas :

Aux lacs ;

Aux étangs ;

Aux rivières canalisées ;

Aux canaux de navigation et aux conduits d'arrivage ou de fuite des usines, lorsque les francs-bords de ces

---

(1) Cette fois encore, il n'y avait qu'à laisser faire les parties entre elles au lieu de continuer à suivre les errements du Droit romain.

canaux ou conduits appartiennent au propriétaire
même des canaux ou des conduits dont ils sont une
dépendance.

On conçoit, en effet, qu'il ne peut être question d'alluvion à l'égard des fonds qui ont une limite fixe et in-
dépendante de l'action des eaux.

2º Des *îles, îlots* ou *atterrissements* qui se forment
dans le lit des fleuves ou des *rivières non navigables ni
flottables.*

Si l'île s'est formée d'un seul côté, elle appartient
exclusivement aux propriétaires du côté où elle s'est
formée; dans le cas contraire, elle profite aux riverains des deux côtés, et on la partage entre eux d'après
le procédé suivant :

On trace une ligne au milieu de la rivière; on pro-
longe ensuite perpendiculairement les lignes sépara-
tives de chacun des fonds à partir du point extrême
.de ces lignes; tout le terrain compris entre les paral-
lèles forme la part du terrain riverain dont il est le
prolongement.

Les îles qui se forment dans le lit des *fleuves* et des
rivières navigables ou *flottables* appartiennent à l'État.

Il ne s'agit, d'ailleurs, que des îles qui se forment
soit par l'abaissement du niveau des eaux, soit par
l'exhaussement d'une portion du lit du fleuve ou de la
rivière; il est clair que celles qui se forment lorsque le
fleuve ou la rivière coupe et entoure un terrain particulier ne peuvent que rester au propriétaire du terrain
primitif.

Quant au lit des rivières *navigables* ou *flottables,* il
appartient à l'État; mais une question qui n'intéresse

pas moins l'industrie que l'agriculture est de savoir à qui appartient le lit des rivières *non navigables ni flottables.*

La chose n'est pas facile à décider parce que les traditions romaines et féodales, l'idée mystique que l'État a un droit propre et éminent, embrouillent considérablement ce point, et que le Code civil a négligé de le régler ; nous sommes d'avis, pour notre part, qu'il en est des rivières non navigables ni flottables comme des simples ruisseaux, et que c'est en faveur des riverains que le débat doit être tranché.

Enfin, lorsqu'un fleuve ou une rivière navigable ou non se forme un nouveau cours en abandonnant son ancien lit, le Code a voulu que le lit abandonné, au lieu d'être attribué aux riverains, passât, à titre d'indemnité, aux propriétaires des fonds nouvellement occupés (1).

Animaux sauvages.

Les animaux sauvages qui se fixent sur un fonds deviennent la propriété du maître de ce fonds. Ainsi les pigeons, lapins et poissons qui passent dans un colombier, dans une garenne ou dans un étang, sont acquis au maître de ces objets.

(1) Bien rarement se rencontre-t-il que l'envahissement d'un fonds par une rivière qui change de cours soit complet ; et l'heureux propriétaire du fonds nouvellement occupé non seulement bénéficie de l'avantage d'avoir désormais la petite rivière, mais encore reçoit une indemnité, tandis que l'ex-riverain non seulement perd l'usage du cours d'eau, mais, en outre, ne reçoit rien.

Cependant lorsqu'ils ont été attirés par fraude ou par artifice, on doit admettre la revendication du propriétaire antérieur (1).

Droit d'accession relativement aux choses mobilières.

Sous le Code civil, la revendication des meubles ne peut avoir lieu que très exceptionnellement, car il suffit fort souvent qu'un meuble passe de la main de l'un dans celle de l'autre pour que le second en acquière la propriété en vertu de la règle de prescription instantanée formulée par l'adage si connu et, d'ailleurs, si obscur, à savoir que : *En fait de meubles, possession vaut titre.*

Néanmoins, cet adage ne s'applique que tout autant que les *six* conditions suivantes concourent, à savoir qu'il s'agisse d'un meuble *corporel* et *individuel*, que le possesseur ait *juste titre* et *bonne foi*, et que le meuble ne soit ni *perdu* ni *volé*.

Si le juste titre ou la bonne foi manque, si le meuble est perdu ou volé (nous ne parlons pas des qualités que doit avoir le meuble, d'être *corporel* et *individuel*, car l'accession les suppose toujours), alors le champ peut s'ouvrir à l'acquisition par accession, mais il n'est pas large.

Au surplus, le législateur débute ici par une excellente règle ; il déclare subordonner le droit d'accession

____

(1) Et il eût été juste que le Code l'admît même pour le cas où les animaux ont passé sur le fonds d'autrui sans fraude et sans artifice.

aux dictées de l'équité naturelle; mais, hélas! ce parfait principe reste à l'état de lettre morte, car ensuite toutes les hypothèses sont prévues et toutes ont un caractère impératif.

L'accession des meubles est ramenée aux trois hypothèses suivantes:

1° L'adjonction;

2° La spécification;

3° Le mélange.

Adjonction.

L'adjonction est l'adhérence de deux meubles non dénaturés et continuant, en réalité, à former des choses distinctes.

C'est la vieille hypothèse du diamant de l'un mis dans le pommeau de l'épée de l'autre; — celle encore, non plus récente, de la pourpre de l'un attachée au vêtement de l'autre.

Or, pour ces cas et tous autres semblables, qu'a décidé le Code civil? Il a voulu que la chose *accessoire* appartînt au maître de la chose *principale*, en n'admettant le droit à la séparation au profit du propriétaire de la chose accessoire que pour le cas où la chose accessoire se trouverait avoir *une valeur beaucoup plus grande* que la chose principale et aurait été employée à l'insu du propriétaire.

Qu'est-ce, maintenant, que la chose *principale* et la chose *accessoire?*

Le Code pose, à cet égard, les trois règles suivantes:

1° Est réputée principale la chose à laquelle l'autre

n'a été unie que pour l'usage, l'ornement ou le complément de la première;

2° Lorsque le premier signe de distinction manque, est réputée principale la chose qui a le plus de valeur;

3° Lorsque les deux premiers signes de distinction font défaut, est réputée principale la chose du plus gros volume !

Décidément, le Code eût mieux fait de laisser parler l'équité naturelle !

S'il est impossible de distinguer le principal de l'accessoire, chacun des deux propriétaires a le droit de demander la séparation; si les choses sont inséparables, le tout nécessairement est commun entre les deux.

Spécification.

La *spécification* est la transformation d'une matière en un produit ou d'un produit en un autre.

Mais du capital ou du travail, de l'art peut-être, lequel l'emportera pour la propriété du nouvel objet?

Le Code décide qu'en principe, c'est la matière qui doit l'emporter; il attribue le produit au propriétaire de la matière.

Cependant, si le travail est tellement important qu'il surpasse de *beaucoup* (ce sont les termes de la loi) la valeur de la matière, l'industrie doit alors être réputée la partie principale, et le produit attribué au spécificateur.

Lorsque le spécificateur a employé en partie la matière qui lui appartenait et en partie celle qui ne lui appartenait pas, on recherche d'abord s'il y a une chose principale et une chose accessoire; lorsqu'on

ne peut faire cette distinction, on sépare les matières,
si elles sont séparables ; sinon, le produit est commun
aux deux maîtres des matières.

Mélange.

Il y a *mélange* ou *confusion* lorsque les choses sont
mêlées et confondues de manière à ne pouvoir plus
être distinguées les unes des autres, mais sans qu'il y
ait eu, à proprement parler, un fait industriel.

C'est le cas où le vin, ou le blé de l'un, a été mêlé
avec le vin ou avec le blé de l'autre.

On applique préalablement les règles sur la distinction de la chose principale et de la chose accessoire.

Si cette détermination peut avoir lieu, l'accessoire
suit, comme toujours, le principal. Si elle n'est pas
possible, on distingue : — les matières peuvent-elles
être facilement séparées, celui des maîtres à l'insu
duquel le mélange a été fait a le droit de demander la
division et de revendiquer sa matière ; — les matières
mélangées ne peuvent-elles être séparées sans inconvé-
nient, le mélange appartient indivisément à chacun des
deux maîtres, dans la proportion de la quantité, de la
qualité et de la valeur des matières lui appartenant (1).

Remarques générales applicables à l'accession des meubles.

Lorsque la chose est commune aux propriétaires des
matières dont elle a été formée, nul n'étant tenu de

(1) Mais que de cas, que de cas ! Ils reposaient si genti-

rester dans l'indivision, chacun des copropriétaires a le droit d'exiger que la chose soit partagée en nature, ou licitée, c'est-à-dire transformée en argent par la voie des enchères.

Lorsque l'accession profite à celui des maîtres à l'insu duquel elle a eu lieu, celui-ci a le droit, à son choix, de prendre l'un ou l'autre de ces deux partis : il peut ou réclamer la chose entière en indemnisant l'autre maître, ou la laisser à l'auteur de l'accession, en exigeant soit une chose absolument pareille à celle qu'il a perdue, soit sa valeur en argent.

Répétons enfin ce que nous avons dit pour l'accession des choses immobilières : le propriétaire qui, en vertu de l'accession, perd, à son insu, une chose mobilière, a toujours une action en dommages-intérêts, et il y aurait, en outre, lieu à une action pénale contre la personne qui aurait commis un délit au détriment de ce propriétaire.

CHAPITRE II

Limitations du droit de propriété.

Sous ce titre se rangent :

1º L'expropriation pour cause d'utilité publique ;

2º Les règles relatives à l'exploitation des mines, minières et carrières à galeries souterraines ;

ment dans les catacombes des *Institutes* et du *Digeste;* pourquoi les en avoir tirés?

3.

3° Les règles restrictives de la durée des œuvres intellectuelles (propriété dite littéraire, artistique et industrielle);

4° Les limitations dénommées si inexactement les
unes : *servitudes légales,* les autres : *servitudes dérivant
de la situation naturelle des lieux.*

Expropriation pour cause d'utilité publique.
(Loi du 3 mai 1841.)

L'expropriation pour cause d'utilité publique est, à
vrai dire, plus qu'une limitation du droit de propriété;
car, en supprimant l'objet, elle supprime le droit lui-
même.

C'est à la Révolution que remonte la réglementation
législative de l'expropriation.

Voici en quels termes la Déclaration des droits de
l'homme et du citoyen, placée en tête de la Constitu-
tion du 3 septembre 1791, en posait la prémisse :

« La propriété étant un droit inviolable et sacré, nul
ne peut en être privé, si ce n'est lorsque la *nécessité*
publique, *légalement* constatée, l'exige *évidemment,* et
sous la condition d'une juste et préalable indemnité. »

C'est donc en commençant par proclamer le droit de
propriété inviolable et sacré que la Déclaration des
Droits de l'homme consacrait ensuite une exception à
ce principe pour cause d'une nécessité publique évi-
dente et déclarée par la loi (1).

____

(1) Il n'est pas douteux qu'au point de vue de la science
pure, l'expropriation soit contraire au principe de la propriété
individuelle ; mais il en est de l'expropriation comme de cer-

Dans le Code civil et dans la loi spéciale actuelle, l'*utilité* a remplacé la *nécessité*.

Nous résumerons, en quelques mots, les traits généraux de l'expropriation.

C'est, suivant les cas, tantôt par une loi, tantôt par un décret, que l'utilité est déclarée.

Dans l'une et l'autre hypothèse, il y a préalablement lieu à une enquête administrative qui est destinée à constater les avantages généraux de l'entreprise et les meilleurs moyens d'en amener l'exécution.

Un premier arrêté du préfet désigne les localités ou territoires sur lesquels les travaux doivent avoir lieu, lorsque cette désignation ne résulte pas de la loi ou du décret.

Un second arrêté détermine les propriétés particulières auxquelles l'expropriation est applicable.

Le tribunal civil prononce l'expropriation.

Un jury spécial fixe l'indemnité due à l'exproprié.

Du reste, l'indemnité n'a pas cessé de devoir être préalable, c'est-à-dire qu'elle doit être payée à l'exproprié avant la prise de possession.

*Règles relatives à l'exploitation des mines, minières,
et carrières à galeries souterraines.*
(Loi du 21 avril 1810.)

Sous l'ancien régime, les mines étaient réputées de droit régalien, c'est-à-dire que les rois s'étaient attri-

tains services généraux auxquels il serait impraticable, dans un état donné des sociétés et des mœurs publiques, d'appliquer les indications de la logique abstraite.

bué le droit de faire exploiter les mines à leur guise,
et les abus les plus scandaleux et les plus criants
furent la conséquence de ce système.

L'Assemblée Constituante déclara que les mines et
minières étaient à la disposition de la nation, en ce
sens qu'elles ne pourraient être exploitées que de son
consentement et sous sa surveillance, à la charge d'in-
demniser les propriétaires de la surface. Mais, d'une
part, les propriétaires de la surface devaient toujours
avoir, par préférence, la liberté d'exploiter les mines
qui pourraient se trouver dans leurs fonds; et, d'autre
part, ils devaient jouir, à l'exclusion des concessionnaires, de celles des mines qui pourraient être exploitées, ou à tranchée ouverte, ou avec fosse et lumière,
jusqu'à cent pieds de profondeur.

D'après la législation actuelle, il faut distinguer :

Les mines ;

Les minières ;

Les carrières.

Les *mines* ne peuvent être exploitées qu'en vertu d'un
acte de concession délibéré en Conseil d'État. Cet acte
règle les droits des propriétaires de la surface, selon le
mode que le gouvernement estime le meilleur, les propriétaires, au surplus, ne jouissant d'aucune préférence.

Outre les droits dont ils sont tenus envers les propriétaires de la surface, les concessionnaires doivent
payer à l'État une redevance fixe et une redevance
proportionnée à l'extraction.

C'est, comme on le voit, l'expropriation combinée
avec l'idée du droit régalien, lequel est transféré au
gouvernement.

La propriété de la mine est perpétuelle, disponible et transmissible comme tous les autres biens (1).

A l'égard des *minières*, l'exploitation en est subordonnée, selon les cas, à la permission des autorités administratives locales, ou à une déclaration qui doit leur être préalablement faite.

Enfin, l'exploitation des *carrières* est assujettie à une simple déclaration préalable et à une surveillance spéciale (2).

(1) Cependant l'administration, par l'organe du préfet, a un droit d'intervention dans des cas déterminés; elle a notamment celui de porter des prescriptions ou des prohibitions, lorsque l'exploitation compromet la sûreté publique, la conservation des puits, la solidité des travaux, la sûreté des ouvriers mineurs ou des habitations de la surface.

(2) Pour ce qui est de la définition fort complexe et de la distinction des mines, minières et carrières, c'est dans la loi fondamentale du 21 avril 1810 (art. 2, 3 et 4) qu'elle doit être cherchée.

Le droit régalien sur les mines est admis par la plupart des législations européennes ; mais, en Angleterre, on applique le principe que la propriété de la surface emporte la propriété du dessous, c'est-à-dire que le droit d'exploiter la mine appartient au maître du sol. « Osons en effet le dire bien haut, écrit à ce sujet un éminent économiste, il n'est pas plus juste et plus rationnel de décider que les mines sont la propriété de la nation, qu'il ne l'était autrefois de prétendre qu'elles étaient la propriété du roi. »

Règles restrictices de la durée de la propriété des œuvres intellectuelles (propriété littéraire, artistique et industrielle).

La propriété des œuvres intellectuelles, dont nous examinerons, d'ailleurs, ci-après le principe (v. plus bas, appendice, p. 91), n'a pas, selon nos lois, le caractère inhérent de nature à la propriété des choses matérielles, celui d'être perpétuelle, et c'est, au fond, la croyance à un droit supérieur de l'État de régler et de limiter, comme il l'entend, la propriété littéraire, artistique et industrielle, qui a causé cette anomalie.

Propriété littéraire et artistique. (Lois du 19 Juillet 1793 et du 14 Juillet 1866.)

En France, les auteurs d'écrits en tous genres jouissent bien, durant leur vie entière, du droit exclusif de vendre ou faire vendre leurs ouvrages et d'en céder la propriété, en tout ou en partie; mais, après eux, leurs héritiers, donataires ou légataires, ont un droit limité à une durée de cinquante ans.

Le conjoint survivant, indépendamment des avantages qui peuvent résulter pour lui du régime de la communauté, a, sous tous les régimes de mariage, la jouissance des droits dont l'auteur prédécédé n'a pas disposé par acte entre vifs ou par testament.

Quant au cessionnaire des droits de l'auteur ou de ses héritiers ou du conjoint survivant, il est assimilé au cédant, sauf, bien entendu, toutes restrictions insérées dans l'acte de cession.

Le droit de représentation, pour les œuvres dramatiques, suit, comme le droit de publication, les règles précédentes.

Enfin les propriétaires des ouvrages posthumes ont les mêmes droits que l'auteur. (Loi du 1er germinal an XIII.)

Propriété industrielle. (Loi du 5 juillet 1844.)

La propriété industrielle, c'est-à-dire le droit des inventeurs sur leur invention dans le champ si vaste de l'industrie, donne lieu, chez nous, à ce que l'on nomme le brevet d'invention.

Dans l'état actuel de nos lois, le brevet d'invention est un titre qui confère à l'inventeur le droit exclusif d'exploiter sa découverte durant un certain nombre d'années.

Faute de ce titre, l'inventeur est sans droit.

La loi du 5 juillet 1844 détermine limitativement les inventions susceptibles d'être brevetées.

Elle admet des brevets de cinq, dix et, au maximum, quinze années, et fournit en même temps au breveté le moyen de réduire, par chaque année, au temps qu'il veut la durée de son brevet.

Elle soumet celui qui demande la délivrance du brevet à l'accomplissement d'une série de formalités et au paiement d'un droit annuel (1).

(1) Comme on le voit, la propriété des inventeurs sur leur invention est bien, dans notre législation, une création de la loi, soumise, à ce titre, à toutes les conditions que la loi juge bon de lui imposer.

Le gouvernement n'est point, d'ailleurs, garant de la réalité de l'invention ; ce qu'il fait seulement, c'est donner acte à l'inventeur de ce que celui-ci prétend avoir découvert, et c'est à ce dernier de faire valoir, s'il y a lieu, son invention à ses risques et périls.

Le brevet est transmissible aux héritiers et il est cessible (1).

Limitations de la propriété, improprement dénommées servitudes légales et servitudes dérivant de la situation naturelle des lieux.

Comme nous le savons déjà, les servitudes constituent des *dérogations* au droit commun de la propriété, tandis que les limitations font partie de ce droit commun et le constituent au même titre que les avantages positifs de la propriété.

Théoriquement, c'est donc une grave erreur des rédacteurs du Code civil que d'avoir appliqué à ces

----

(1) Il y a aussi une propriété des dessins et modèles de fabrique ; mais, à la différence de celle des inventions industrielles proprement dites, cette propriété peut être, à la volonté de celui qui la réclame, temporaire ou perpétuelle.

Le réclamant est soumis à l'accomplissement de certaines formalités et au paiement d'un droit dont la quotité est variable (loi du 18 mars 1806).

Enfin il existe une propriété des marques de fabrique, que ces marques consistent dans l'apposition d'un emblème sur le produit ou simplement du nom du fabricant, et il est certains produits pour lesquels la marque est obligatoire (loi du 22 germinal an XI, décrets du 11 juin 1809, 20 février 1810, articles 142 et 143 du Code pénal, loi du 28 juillet 1824).

limitations le nom de *servitudes* et que de les avoir fait figurer dans le titre qui concerne les *servitudes réelles*.

Ces limitations tiennent ou devraient toutes tenir à la nature de la propriété, car elles n'ont toutes pour fondement légitime possible que l'idée du respect des autres, individus ou collectivités, Communes, Départements, État.

Cependant le Code les a distribuées en deux catégories, sous la dénomination, pour les unes, de *servitudes établies par la loi, servitudes légales;* pour les autres, de *servitudes dérivant de la situation naturelle des lieux.*

Examinons séparément ces deux catégories, en faisant remarquer qu'elles se rapportent exclusivement l'une et l'autre à la propriété des immeubles.

Limitations de la propriété, dénommées servitudes légales.

Les limitations de cette catégorie ont pour objet d'après les lois existantes :

1º L'utilité publique ou, dans le langage du Code, de l'État ;

2º L'utilité départementale ;

3º L'utilité communale ;

4º L'utilité des particuliers.

Les trois premières sortes appartiennent au droit administratif; nous n'en citerons que quelques exemples pris parmi celles qui concernent la voirie.

Une des plus notables dans cet ordre, c'est la limitation dite *servitude d'alignement.*

Cette limitation de la propriété consiste dans l'interdiction à tout riverain d'une voie publique de faire, le long de cette voie, aucune construction, plantation ou clôture, sans l'autorisation préalable de l'administration, aucun travail confortatif à un mur de face qui serait sujet à reculement par suite de l'alignement arrêté.

Une autre limitation fort grave, mais d'une application beaucoup moins fréquente, est *le droit de fouilles des entrepreneurs de travaux publics.*

On désigne sous ce nom le droit qui peut être attribué aux entrepreneurs de travaux publics (chemins, canaux, etc.) de prendre des matériaux pour l'exécution des ouvrages dont ils sont adjudicataires dans tous les lieux qui leur sont indiqués par les devis et adjudications desdits ouvrages, ou, à défaut, par un arrêté du préfet.

Les devis et adjudications ou l'arrêté du préfet ne peuvent, d'ailleurs, autoriser l'extraction des matériaux dans les lieux qui sont fermés de murs ou autres clôtures équivalentes, suivant l'usage du pays.

Quant à l'indemnité, elle doit être de la valeur des matériaux, lorsqu'ils ont été pris dans une carrière en exploitation ; sinon, il n'est fait raison au propriétaire que du montant du dommage causé à son champ, — sans aucun égard à la valeur des matériaux !

Une autre limitation se rattache aux rivières *navigables* ou *flottables.*

Les propriétaires riverains doivent en effet, le long de ces rivières, le *marchepied* et le *chemin de halage.*

Le marchepied est l'espace de terrain qui sert aux piétons, mais il a surtout pour but de faciliter le sauvetage des trains et radeaux.

Le chemin de halage, de l'autre côté du cours d'eau, sert à hâler, c'est-à-dire à tirer les bateaux à la remonte.

Lorsque la rivière est simplement flottable, le marchepied proprement dit est dû sur les deux rives.

L'usage du marchepied, comme du chemin de halage, n'est rigoureusement permis qu'aux bateliers; le propriétaire, sous la réserve des droits de la navigation, conserve tous les attributs de la propriété (1).

Voyons maintenant les limitations de la propriété qui ont pour objet, porte le Code, l'utilité des particuliers.

Ces limitations sont également fort nombreuses. Les unes ont été réglées par les lois sur la police rurale, les autres par le Code civil; nous ne nous occuperons que de ces dernières.

Celles-ci sont relatives :

Au mur mitoyen ;

Au fossé mitoyen ;

A la haie mitoyenne ;

Aux arbres mitoyens ;

(1) D'autres limitations tiennent au voisinage des places de guerre :

Ainsi, il est défendu aux propriétaires de faire dans un certain rayon autour des places de guerre, selon d'ailleurs des distinctions assez compliquées, des constructions ou autres ouvrages qui pourraient nuire à la défense.

D'autres encore ont pour but la conservation des bois et forêts :

Ainsi, les propriétaires de bois et forêts qui veulent défricher sont tenus de faire une déclaration à la sous-préfecture un certain temps à l'avance. Pendant ce délai, l'administration a le droit de notifier une opposition au propriétaire, en alléguant une des causes qu'a déterminées la loi.

Il ne serait pas de peu d'intérêt de réviser dans le sens de la liberté l'ensemble des limitations imposées à la propriété par les lois et les règlements administratifs.

A la distance requise pour la plantation des arbres et des haies ;

A la distance et aux ouvrages intermédiaires requis pour certaines constructions ;

Aux jours et aux vues sur la propriété du voisin ;

A l'égout des toits ;

Au droit de passage.

Examinons chacune de ces limitations du droit de propriété.

Mur mitoyen.

Disons d'abord qu'on entend, par la *mitoyenneté*, en général, une sorte de copropriété applicable à une clôture qui se trouve sur la limite de deux héritages.

La mitoyenneté du mur diffère cependant de la copropriété sur plusieurs chefs :

Elle comporte un système spécial de preuves ou de présomptions.

Elle est forcée en ce triple sens :

D'abord, que tout propriétaire peut être contraint de céder à son voisin la mitoyenneté du mur bâti sur la limite de son héritage ;

Ensuite que, dans les villes et dans les faubourgs, chaque propriétaire a le droit d'obliger son voisin à la construction d'un mur mitoyen ;

Enfin, que le copropriétaire mitoyen ne peut contraindre son copropriétaire au partage, et que le seul moyen qu'il ait de sortir de l'indivision est l'abandon de son droit.

Ajoutons que, à la différence du copropriétaire en

général, le copropriétaire mitoyen a le droit de faire certaines innovations sur le mur commun (v. ci-après p. 58), sans le consentement de son copropriétaire.

Preuves de la mitoyenneté. - - Le fait à établir peut affecter les deux formes suivantes : Ou le mur a été construit à frais communs par les deux copropriétaires, ou par moitié sur le sol de chacun d'eux, ou bien l'un des propriétaires a acquis de l'autre, à titre onéreux ou gratuit, la mitoyenneté du mur.

Évidemment, la meilleure preuve, dans les deux cas, c'est le titre.

A défaut de titre, le Code établit une présomption de mitoyenneté :

A l'égard de tout mur servant de séparation entre bâtiments jusqu'à l'héberge, c'est-à-dire jusqu'à la hauteur du toit le moins élevé;

A l'égard de tout mur servant pareillement de séparation entre cours et jardins, et même entre enclos dans les champs.

Dans l'un et l'autre cas, en effet, il est naturel de penser que les deux voisins retirent une égale utilité de l'existence du mur.

Nous sommes, en outre, d'avis que la mitoyenneté ne doit pas être présumée pour le mur qui sépare un bâtiment d'un terrain non bâti, mais que, au contraire, elle doit l'être entre cours et jardins, lorsque les deux fonds ne sont pas clos de tous les côtés, et de même entre enclos dans les champs, lorsque l'un des deux champs ou tous les deux sont entourés de murs sur certains côtés, et, sur d'autres côtés, de clôtures qui, tout en n'étant pas des murs, rendent l'accès de l'héritage impossible.

Indépendamment du titre et de la présomption que nous venons d'expliquer, la possession commune du mur, ou, en d'autres termes, la prescription peut en faire acquérir la mitoyenneté.

La preuve contraire résulterait :

D'un titre établissant que le mur appartient exclusivement à l'un des voisins ;

De la prescription acquisitive de la propriété de tout le mur par l'un des voisins ;

De l'une des marques de non mitoyenneté.

La loi considère comme des marques de non mitoyenneté :

Une sommité de mur inclinée d'un seul côté ;

L'existence d'un *chaperon* ou de *filets* d'un seul côté (1);

L'existence de *corbeaux* d'un seul côté du mur (2).

Mais il faut, d'ailleurs, noter que ces différentes marques n'ont de valeur probante que tout autant qu'elles datent de la construction du mur, ou qu'elles y ont été ajoutées après coup, au su du voisin, depuis plus de trente ans.

Charges de la mitoyenneté. -- Selon une idée de solidarité morale que le droit consacre à juste titre, tout

(1) Le *chaperon* est le toit qui couronne le mur, et le *filet*, appelé aussi *larmier*, est la partie du chaperon qui déborde le mur pour prévenir les dégradations qu'entraînerait l'écoulement des eaux.

(2) Les *corbeaux* sont les pierres formant saillie à certains intervalles et destinées à recevoir les poutres ou solives du bâtiment qui s'adosse au mur.

copropriétaire est obligé de sauvegarder le droit de son copropriétaire, et il est tenu pour cette raison de contribuer à l'entretien et même au rétablissement de la chose commune.

Cela s'applique à la réparation et à la reconstruction du mur mitoyen.

Néanmoins, comme il est dans les principes que celui qui a un droit réel puisse se soustraire, en abandonnant la chose, aux obligations corrélatives à son droit, si l'un des propriétaires mitoyens abandonne le droit de mitoyenneté, il est dispensé de contribuer aux réparations et aux reconstructions. Mais cette faculté de se soustraire par l'abandon aux charges de la mitoyenneté cesse si le mur soutient un bâtiment appartenant au copropriétaire qui voudrait refuser la contribution, ou encore lorsque c'est par le fait de ce copropriétaire que les réparations et les reconstructions ont été rendues nécessaires.

Enfin, une idée d'intérêt public a fait admettre que tout propriétaire, dans les villes et faubourgs, peut être contraint par son voisin à contribuer à la construction d'un mur mitoyen entre les maisons, cours et jardins.

Droits relatifs à la mitoyenneté. - - On pose comme règle que chacun des copropriétaires a le droit de se servir du mur, selon l'usage auquel il est destiné, à la condition de ne pas nuire au droit de son copropriétaire.

Le Code a jugé bon d'appliquer lui-même cette règle à plusieurs cas (droit de faire bâtir contre le mur mitoyen, d'y faire placer des poutres et solives, d'y adosser une cheminée, de l'exhausser) ; mais, d'une manière générale, les tribunaux ont le pouvoir de permettre ou de défendre les travaux de toute espèce relatifs au mur mitoyen, selon qu'ils estiment que ces travaux sont ou ne sont pas préjudiciables au mur ou au copropriétaire, et le Code eût, à notre sens, bien fait de s'en tenir à cette règle.

Quand le copropriétaire ne consent pas aux travaux, il y a lieu, comme de raison, à un règlement d'experts.

Enfin, de même que le voisin a le droit de contraindre son voisin à construire un mur mitoyen à frais communs, il a aussi celui de forcer son voisin à lui céder la mitoyenneté d'un mur déjà construit, aussi bien que celle de l'exhaussement pratiqué aux frais du copropriétaire sur un mur mitoyen (1).

Fossé mitoyen.

La mitoyenneté du fossé est présumée d'une façon beaucoup plus large que celle du mur: tout fossé entre deux héritages est réputé mitoyen.

La preuve de non mitoyenneté peut, d'ailleurs, être établie :

Par un titre ;

Par la marque du contraire, résultant soit de terres placées sur l'un des côtés du fossé, soit de la terre ou rejet de terre se trouvant d'un côté du fossé.

La prescription peut faire acquérir, soit la mitoyenneté, soit la propriété exclusive du fossé.

(1) On peut apercevoir, à ce court résumé, combien est difficile, compliquée et minutieuse la matière de la mitoyenneté du mur; mais le législateur eût pu simplifier sa tâche en s'en remettant davantage à la jurisprudence des tribunaux et à la coutume.

Quant à l'entretien du fossé mitoyen, suivant la règle applicable à toute communauté, il doit avoir lieu à frais communs; mais chaque copropriétaire peut, en général, se libérer de l'obligation de contribuer à l'entretien par l'abandon du droit de mitoyenneté.

Haie mitoyenne.

La présomption de mitoyenneté s'applique à toute haie servant de clôture.

Elle cesse :

Lorsqu'un seul des héritages est en état de clôture;

Lorsqu'il y a un titre, ou lorsqu'il existe des bornes placées sur l'un des côtés de la haie ;

Lorsqu'il y a possession suffisante, prescription en sens contraire.

La prescription peut également faire acquérir la mitoyenneté de la haie.

Arbres mitoyens.

L'arbre placé dans une haie mitoyenne est mitoyen comme la haie; il appartient donc, par moitié, aux deux copropriétaires de la haie.

Mais chacun des deux copropriétaires a le droit d'exiger l'abatage de l'arbre mitoyen, et de mettre ainsi fin à la mitoyenneté.

Distance requise pour la plantation des arbres et des haies.

C'est là, sans contredit, une matière à règlement local; à défaut de ce règlement, le Code décide :

Que les arbres de haute tige ne doivent pas être plantés à moins d'une distance de deux mètres de la ligne séparative des héritages;

Que les autres arbres et les haies vives ne doivent pas l'être à moins d'une distance d'un demi-mètre.

Le voisin a le droit d'exiger que les arbres et haies, plantés à une moindre distance, soient arrachés.

Le tout, sauf titre en sens contraire ou prescription.

Quand les branches et les racines des arbres, même plantés à la distance légale, avancent sur le fonds du voisin, celui-ci a le droit de couper lui-même les racines; quant aux branches, il en est différemment, et il n'a que le droit de contraindre le propriétaire à les couper.

Bien entendu encore, ces droits du voisin sont susceptibles d'être modifiés et atteints par un titre.

De la distance et des ouvrages intermédiaires requis pour certaines constructions.

Le Code dispose que:

« Celui qui fait creuser un puits ou une fosse d'aisance près d'un mur mitoyen ou non, celui qui veut y construire une cheminée ou âtre, forge, four ou fourneaux, y adosser une étable ou établir contre un mur un magasin de sel ou amas de matières corrosives, est obligé de laisser la distance prescrite par les règlements et usages particuliers sur ces objets, ou à faire les ouvrages prescrits par les mêmes règlements et usages, pour éviter de nuire au voisin. »

Au reste, même après que les précautions prescrites auront été observées, le constructeur restera tenu du dommage causé par ses travaux.

Des vues sur la propriété de son voisin.

Le Code de la Convention portait :

« En mur mitoyen, l'un des voisins ne peut, sans le consentement de l'autre, pratiquer aucune fenêtre ou vue même à verre dormant.

« Mais, en mur non mitoyen, le propriétaire peut faire tout ce qui lui convient. »

Le Code civil, conformément à l'ancien droit, a adopté un système de réglementation, de distinctions et de prohibitions.

Dans l'état actuel, on distingue les simples *jours* des *vues*.

Les *jours* sont des ouvertures qui ne donnent passage qu'à la lumière ;

Les *vues* sont des ouvertures qui donnent à la fois passage à l'air et à la lumière.

Les vues sont dites *droites*, lorsqu'elles sont pratiquées dans un mur parallèle, ou à peu près, à la ligne séparative des héritages ; *obliques*, lorsqu'elles sont pratiquées dans un mur perpendiculaire, ou à peu près, à cette même ligne séparative.

Dans un mur *mitoyen*, la prohibition de pratiquer des ouvertures, sans le consentement du copropriétaire, est absolue.

Dans un mur *non mitoyen*, on peut ouvrir des *jours* et des *vues* sous certaines restrictions.

Pour les *jours*, deux conditions sont exigées :

1º Qu'ils soient à fer maillé et à verre dormant ;

2º Qu'ils ne soient établis qu'à une hauteur déterminée au-dessus du plancher ou sol de la chambre qu'on veut éclairer (26 décimètres au rez-de-chaussée, 19 centimètres aux étages supérieurs).

Quant aux *vues*, elles ne peuvent être pratiquées que dans un mur ne joignant pas immédiatement l'héritage voisin : pour les vues *droites*, balcons et autres semblables saillies, la distance doit être de 19 décimètres, pour les vues *obliques*, de 6 décimètres.

S'il s'agit de vues *droites*, la distance se calcule, soit depuis le parement extérieur du mur où l'ouverture est pratiquée, soit, lorsqu'il y a balcon ou autres semblables saillies, depuis la ligne extérieure de ces balcons et saillies jusqu'à la ligne de séparation des deux propriétés.

S'il s'agit de vues *obliques*, la distance se compte à partir de l'arête du jambage de la fenêtre.

Ces règles de distance sont certainement applicables à la toiture d'un bâtiment formant terrasse.

Elles cessent de l'être, selon l'avis le plus général, entre deux fonds séparés par la voie publique.

Dans tous les cas où elles devaient être observées et où elles ne l'ont point été, le voisin a le droit d'exiger que les ouvertures soient supprimées, ou du moins ramenées aux conditions légales.

Il peut perdre ce droit de différentes manières, et notamment lorsqu'il y a un titre en sens contraire ou que le temps requis pour la prescription s'est accompli au profit du voisin qui n'a pas observé les distances réglementaires.

De l'égout des toits.

Chaque propriétaire doit s'arranger de façon à ne pas envoyer les eaux de ses toits chez le voisin ; et le Code n'en eût-il rien dit, ce point n'eût pu offrir matière à débat !

Un titre en sens contraire et certaines circonstances, telles que la prescription, peuvent cependant forcer un voisin à recevoir l'égout des toits de son voisin.

Du droit de passage.

Le propriétaire dont le fonds est *enclavé*, c'est-à-dire sans issue sur la voie publique, a le droit de réclamer un passage sur le fonds d'un de ses voisins pour l'exploitation de son héritage.

C'est aux tribunaux qu'il appartient de désigner le *fonds* qui doit être assujetti au passage, et *l'endroit* par lequel le passage sera exercé ; toutefois, la loi leur recommande de désigner le fonds par lequel le trajet est le plus court et l'endroit sur lequel il est le moins dommageable.

Le propriétaire du fonds enclavé doit tout naturellement une indemnité au propriétaire du fonds sur lequel le passage est pris.

Il ne s'agit pas, d'ailleurs, dans notre cas, d'une enclave qui résulterait d'un acte volontaire des parties, tel qu'un *partage* ou une *vente*, car ce seraient alors les copartageants ou le vendeur qui devraient seuls le passage et qui le devraient sans indemnité; il ne s'agit que de l'enclave qui provient d'un cas fortuit ou d'une force majeure (éboulement, inondation, etc.).

Et, si l'enclave cesse, le droit de passage disparaît.

Limitations de la propriété dénommées servitudes dérivant de la situation des lieux.

Ces limitations se rapportent aux eaux.
Le Code civil distingue :
1° Les eaux qui découlent d'un héritage;
2° Les eaux qui bordent un héritage;
3° Les eaux qui traversent un héritage.

Eeux qui découlent d'un héritage.

Pour chacun le droit de propriété s'étend jusqu'à la limite extrême où il rencontre le droit des autres; c'est à la science juridique qu'il appartient de poser cette limite (1).

En ce qui concerne les eaux découlant d'un fonds (fonds supérieur), il faut distinguer si elles découlent naturellement de ce fonds ou si l'écoulement est le fait du propriétaire de ce fonds.

Dans le premier cas, la nature physique des choses règle elle-même l'étendue du droit de propriété.

Ainsi le propriétaire du fonds inférieur est tenu de recevoir : les eaux pluviales qui tombent directement

(1) Cette formule, que nous donnons pour le droit de propriété, nous l'appliquerions volontiers au Droit tout entier.

sur le fonds supérieur ou que ce fonds a lui-même reçues des fonds plus élevés; - - les eaux provenant de la fonte des neiges; - - les eaux qui découlent des terres par infiltration; — les eaux de source, lorsqu'elles ont jailli d'elles-mêmes et qu'elles ont un cours plus ou moins régulier.

Dans le second cas, le droit de propriété ne subit aucune limitation.

Ainsi le propriétaire du fonds inférieur n'est pas tenu de recevoir: les eaux dont l'indication précède, lorsque des travaux exécutés par le propriétaire du fonds supérieur en ont déterminé ou facilité l'écoulement; - - les eaux ménagères; — les eaux provenant d'une fabrique.

S'il est impossible d'empêcher que les eaux de ces différentes sortes ne s'écoulent sur le fonds inférieur, le fait s'impose, mais il y a lieu à une indemnité au profit du propriétaire de ce fonds.

La règle relative aux eaux s'applique également aux éboulements, lavanges, avalanches, etc., que la situation du terrain supérieur peut causer naturellement, et sans main-d'œuvre, au terrain inférieur.

Ce que nous venons de voir, ce sont les inconvénients pouvant naître des eaux; — passons à la contre-partie, c'est-à-dire aux avantages qu'elles peuvent procurer.

Le propriétaire d'un fonds a la propriété de la source qui s'y trouve renfermée, et il a, par là même, le droit d'en disposer; c'est là une application du principe que « la propriété du sol emporte la propriété du dessus et du dessous ».

Cependant les jurisconsultes romains et l'ancienne doctrine apportaient une restriction à la faculté, pour le propriétaire, de disposer de la source; ils ne lui permettaient de le faire que tout autant qu'il se propose d'améliorer son fonds ou qu'il n'a pas uniquement pour but de nuire à son voisin, par exemple en coupant les veines qui portent l'eau dans le fonds de celui-ci.

Cette restriction, qui n'est pas écrite dans la loi, doit être repoussée.

Autre, en effet, est le domaine du Droit, c'est-à-dire de la science qui règle l'intervention de la société dans les rapports entre particuliers, et autre celui de la Morale. « Si la société se constituait juge de l'abus de la propriété, elle ne tarderait pas, a dit excellement Raynal, à se constituer juge de l'usage, et le principe du droit serait supprimé (1). »

Deux circonstances, au surplus, peuvent modifier, pour le propriétaire du fonds supérieur, le droit de disposer de la source.

La première, conforme au droit commun, est celle où le propriétaire du fonds inférieur a acquis un droit à la source par titre, prescription, etc. (notons que la prescription ne peut résulter ici pour le propriétaire du fonds inférieur que d'une jouissance non interrompue de la source pendant trente ans à compter du

---

(1) Il est clair qu'au point de vue de la loi morale, nous réprouvons de toutes nos forces, nous flétrissons, en général, l'acte de l'homme qui refuse sa chose à autrui, sans y être poussé par son propre besoin, qui la refuse par un pur caprice de propriétaire; mais la conscience ne relève que de son propre droit, et c'est à la conscience de régler l'obligation morale.

moment où il a terminé des ouvrages apparents destinés à faciliter la chute et le cours de l'eau dans sa propriété).

La seconde, tout exceptionnelle, se présente lorsque l'eau est nécessaire à une commune, village ou hameau; le propriétaire de la source perd le droit d'en changer le cours; en d'autres termes, il se trouve de plein droit exproprié au profit des habitants de la commune, dès le jour où l'eau leur est nécessaire; mais ceux-ci lui doivent une indemnité, s'ils n'ont pas prescrit cette indemnité.

Eaux pluviales.

Ces sortes d'eaux sont, à juste raison, regardées comme n'appartenant à personne, comme faisant partie de ce que le Droit appelle des *res nullius* (choses d'aucun).

De là, les conséquences suivantes :

S'agit-il des eaux pluviales tombant sur un héritage *privé*, le propriétaire de cet héritage les acquiert par droit d'occupation.

S'agit-il des eaux fluviales tombant sur la voie publique, chacun des propriétaires riverains a le droit de s'en emparer à leur passage devant son fonds.

Une fois d'ailleurs qu'elles sont appropriées, la propriété des eaux fluviales suit les conditions générales du droit de propriété et peut donner lieu à l'établissement de servitudes au profit des propriétaires des fonds inférieurs.

Eaux qui bordent ou traversent un héritage.

Disons d'abord que les règles que nous allons indiquer ont pour objet exclusif :

Les cours d'eau flottables seulement à bûches perdues ;

Les cours d'eau non navigables ni flottables.

Cela précisé, il importe de distinguer en cette matière deux points de vue, celui du droit civil et celui du droit administratif.

Au point de vue civil, le propriétaire dont l'héritage est bordé ou traversé par un cours d'eau est déclaré avoir un droit propre sur ce cours d'eau.

Si le cours d'eau *borde* l'héritage, le riverain a le droit de se servir de l'eau à son passage pour l'irrigation de ses propriétés, mais il ne peut ni faire une prise d'eau qui nuise aux autres riverains, ni changer le cours de l'eau.

Ajoutons que les tribunaux peuvent lui permettre d'appuyer sur la propriété du riverain opposé les ouvrages d'art nécessaires à sa prise d'eau (droit de barrage), moyennant une juste et préalable indemnité. (Loi du 11 juillet 1847.)

Sont seuls affranchis de ce droit de barrage les bâtiments, cours et jardins attenant aux habitations.

Si le cours d'eau *traverse* l'héritage, le propriétaire a le droit d'user de l'eau, à la charge de la rendre, à la sortie de son fonds, à son cours ordinaire ; il a le droit de faire toutes les prises d'eau dont il a besoin, de déplacer le lit du cours d'eau, toujours sous la condition de rendre l'eau, à la sortie, à son cours ordinaire.

Quant aux contestations qui pourraient s'élever relativement à ces eaux entre les propriétaires, le Code veut que les tribunaux s'en réfèrent aux règlements particuliers et locaux et qu'ils s'efforcent, en prononçant, de concilier l'intérêt de l'agriculture avec le respect dû à la propriété.

Ce sont là les dispositions du droit civil; mais les choses ne vont pas tout à fait de la même manière au point de vue administratif, et il n'est ni contesté ni contestable que, d'après l'ensemble de la législation administrative, les cours d'eau même non navigables ni flottables ne soient placés sous la haute main de l'État pour les importantes prises d'eau nécessaires à l'agriculture et à l'industrie.

Et, chose grave, c'est le Préfet, c'est-à-dire un fonctionnaire entièrement placé sous la main du Gouvernement, qui est ici l'organe de l'État!

Nota. — Deux nouvelles limitations du droit de propriété ont été établies, en matière d'eaux, par des lois postérieures au Code. (Lois des 29 avril 1845 et 10 juin 1854.)

L'une est dite *servitude de passage pour les eaux d'irrigation;* l'autre, *servitude de passage pour l'écoulement des eaux nuisibles.*

La servitude de passage pour les eaux d'irrigation consiste à obtenir passage d'abord sur les fonds intermédiaires par lesquels l'eau doit être conduite jusqu'au fonds que l'on veut arroser, puis sur les fonds inférieurs par lesquels elle doit s'écouler après l'arrosement.

Elle s'applique à toute espèce d'eaux vives ou mortes, courantes ou stagnantes, naturelles ou artificielles.

Il n'y a pas non plus à distinguer en vertu de quelle cause, droit de propriété, concession ou droit d'usage, le propriétaire riverain qui demande la servitude de passage a le droit de disposer des eaux.

Les tribunaux ont, d'ailleurs, le pouvoir discrétionnaire d'accorder ou de refuser cette demi-expropriation. S'ils se prononcent en faveur du propriétaire riverain qui demande la servitude de passage, une juste et préalable indemnité est toujours due aux propriétaires des fonds par lesquels l'eau est amenée au fonds arrosé; mais, quant aux fonds à travers lesquels elle doit s'écouler après l'arrosement, les tribunaux ont le droit d'apprécier s'il y a lieu à indemnité, car il se peut fort bien que l'écoulement de l'eau procure aux propriétaires des fonds traversés une utilité plutôt qu'elle ne leur cause un dommage.

La servitude de passage pour les eaux nuisibles s'applique au cas où un fond est submergé en tout ou en partie et au cas aussi où les eaux séjourneraient à l'intérieur d'un fonds sans en envahir la surface.

Dans la première hypothèse, celle du fonds submergé, les tribunaux ont un pouvoir d'appréciation tant pour l'établissement de la servitude que pour l'admission et la fixation d'une indemnité.

Dans la seconde hypothèse, celle du fonds à l'intérieur duquel les eaux séjournent, le propriétaire a reçu lui-même de la loi le droit de faire écouler les eaux, au moyen de tuyaux de drainage, à travers les fonds intermédiaires; mais il est toujours tenu envers les propriétaires de ces fonds à une juste et préalable indemnité.

Il faut noter que la compétence, dans cette question de drainage, est attribuée, en premier ressort, aux juges de paix.

CHAPITRE III

Nomenclature, définitions et classifications des modes d'acquérir et de transmettre la propriété.

Avant d'aborder l'objet même de ce chapitre, il importe de se fixer sur une distinction capitale, celle de la *cause* d'acquisition par opposition au *mode* d'acquisition.

La cause d'acquisition est le principe — le principe de justice bien évidemment — qui légitime l'acquisition.

La cause, le principe d'acquisition, est enfermé dans cette question : « Pourquoi un tel a-t-il acquis ? » Et ce que veut la justice, c'est que l'on puisse répondre : « Parce qu'il a travaillé ou qu'il a reçu gratuitement d'un autre qui a travaillé. »

Le travail de l'individu lui-même ou la libéralité d'autrui, voilà, dans les rapports juridiques, les deux causes ou principes qui légitiment l'acquisition.

5

Maintenant, comment et par quels moyens ce double principe entrera-t-il dans les faits et s'y réalisera-t-il ? C'est le point propre du mode d'acquisition.

Dans notre droit actuel, les modes d'acquisition sont les suivants :

1° L'occupation ;

2° L'accession ;

3° La tradition ;

4° La prescription ;

5° Le contrat ;

6° Le testament ;

7° La succession ;

8° La loi.

Examinons chacun de ces modes.

Occupation.

L'occupation est la prise de possession d'une chose qui n'appartient à personne.

On enseigne que la prise de possession suppose le fait matériel d'appréhender l'objet avec l'intention de se l'approprier.

Cette définition a le tort, à nos yeux, de paraître ériger le fait en droit et de laisser entièrement dans l'ombre l'idée plus ou moins atténuée de travail, d'effort personnel, qui seule peut revêtir l'occupation d'un caractère juridique.

Quant aux choses qui se prêtent à l'occupation, ce sont à la fois celles qui n'ont jamais été appropriées et celles qui l'ont été, mais que le propriétaire a abandonnées.

Toutefois, dans notre droit civil, l'occupation n'est applicable ni aux immeubles, ni aux universalités de meubles, c'est-à-dire aux meubles provenant des personnes qui décèdent sans héritiers ou dont les successions sont abandonnées, car la loi attribue à l'État les immeubles et les universalités de meubles qui n'ont pas de maître.

On rapporte à l'occupation l'acquisition du gibier par le chasseur, celle du poisson, en maintes hypothèses, par le pêcheur, celle de la moitié du trésor par le tiers qui a découvert ledit trésor dans le fonds d'autrui, etc.

On regarde aussi l'occupation comme nous faisant acquérir les parties séparées des choses qui ne sont pas susceptibles d'être appropriées ; tels, l'air, la lumière, l'eau courante.

Accession.

Nous avons dit plus haut (page 29) que, bien que le Code ait rangé l'accession parmi les modes d'acquisition, il y aurait lieu, dans une théorie exacte, soit d'en rapporter certains cas aux conséquences naturelles de la propriété, soit d'en laisser d'autres soumis au seul empire du droit commun.

Tradition.

La tradition est définie : la remise de la possession d'une chose déjà appropriée.

La tradition s'applique dans le cas des obligations ayant pour objet une chose *indéterminée* : alors elle sert à déterminer l'objet et la propriété se trouve de la sorte transmise.

Mais la détermination de la chose, à part toute tradition, aurait le même effet.

Par exemple, je vous ai vendu un cheval à prendre, à mon choix, parmi les chevaux de mes écuries ; si je vous fais tradition d'un de mes chevaux, je vous en transférerai la propriété et j'accomplirai la vente faite entre nous ; mais il en serait de même si je me bornais, sans vous en faire tradition, à déterminer le cheval que j'ai entendu vous vendre.

Prescription.

La prescription consiste dans une possession, en général, prolongée durant un certain temps et réunissant certaines conditions.

Pour qu'il y ait prescription, il faut que la possession soit :

Continue, c'est-à-dire semblable à celle qu'exerce normalement la personne à laquelle le droit appartient ;

Non interrompue (ce caractère se rapporte au droit et signifie qu'il faut que la possession soit exempte de tout acte dit en droit d'interruption naturelle ou d'interruption civile) ;

Paisible, c'est-à-dire, selon l'opinion générale, acquise et gardée sans voies de fait accompagnées de violences matérielles ou morales ;

Publique, c'est-à-dire de nature à être connue par celui vis-à-vis duquel on veut prescrire ;

A titre non précaire, c'est-à-dire qu'il faut que celui qui exerce la possession possède non pour autrui, mais pour lui-même ; ainsi les fermiers, les dépositaires, les mandataires, sont des personnes qui possèdent à titre précaire.

Lorsque la possession réunit tous ces caractères (1) et qu'elle a duré *trente* ans, elle est, d'après le Code, constitutive de la prescription en tant que mode d'acquisition (2).

(1) Cependant, le Code ajoute encore que la possession doit être *non équivoque*, mais on pense généralement qu'il faut regarder ce qualificatif comme s'appliquant aux différents caractères que nous venons d'indiquer. Ce sont ces caractères qui doivent tous être non équivoques.

(2) La prescription ne saurait être acceptée comme mode d'acquisition par la science du Droit, car il est inadmissible, selon le droit, selon la justice, que celui qui a possédé un temps plus ou moins long sans droit devienne propriétaire pour cette seule cause qu'il a possédé.

Il existe dans le Code, pour les immeubles, une autre prescription, celle de dix à vingt ans ; mais cette nouvelle prescription suppose, au profit de celui qui l'invoque, l'existence d'un juste titre et la bonne foi.

Quant au délai variable de dix à vingt ans, il s'explique de la façon suivante : en principe, le délai de la prescription des immeubles est de dix ans pour le possesseur qui a juste titre et bonne foi, si le véritable propriétaire, durant tout le temps de la prescription, a sa résidence dans le ressort de la Cour d'appel où est situé l'immeuble ; si durant ces mêmes dix années, ou bien une ou quelques-unes de ces dix années, il a sa résidence dans le ressort d'une autre cour, on ne compte que pour une demi-année chaque année où il a résidé dans le

Contrat.

Le contrat est le concours de deux ou plusieurs volontés sur une même chose présentant un intérêt pécuniairement appréciable.

Lorsque le contrat porte sur un corps certain, sur un objet déterminé (et c'est ce qui a presque toujours lieu pour les immeubles), il transfère par lui-même et immédiatement la propriété.

Cependant, à l'égard des immeubles, il faut qu'une formalité de publicité vienne s'ajouter pour que la transmission de la propriété s'accomplisse vis-à-vis des tiers ; cette formalité de publicité, c'est la transcription (1).

Il faut noter que la donation entre vifs se range dans la théorie des contrats.

Testament.

Le testament est un acte *solennel*, c'est-à-dire devant être fait dans les formes que la loi détermine, par

ressort d'une autre cour, c'est-à-dire, selon le langage de la la loi, où il a été absent. Et la prescription peut de la sorte varier de dix à vingt ans.

Enfin, comme nous le savons déjà, le Code a consacré une prescription qui, pour les meubles, s'accomplit instantanément sous certaines conditions qu'il laisse, d'ailleurs, presque toutes à deviner. « En fait de meubles, possession vaut titre. » (V. plus haut p. 41.)

(1) La transcription consiste dans la reproduction littérale de l'acte d'acquisition sur un registre public tenu par le conservateur des hypothèques et qui est à la disposition du public.

lequel une personne dispose gratuitement de tout ou partie de ses biens pour le temps où elle ne sera plus et qu'elle peut révoquer à sa volonté.

Il existe trois sortes de testaments :

1° Le testament *olographe*, qui est écrit en entier, daté et signé de la main du testateur;

2° Le testament *public*, qui est reçu soit par un notaire, en présence de quatre témoins, soit par deux notaires, en présence de deux témoins;

3° Le testament *mystique*, qui est écrit par le testateur ou par un tiers, et remis clos et cacheté en dépôt chez un notaire.

Ces trois sortes de testaments jouissent, en principe, de la même efficacité.

Lorsque le testament contient des legs universels ou à titre universel, il transfère par lui-même la propriété dès l'instant du décès du testateur; mais, lorsque le legs est à titre particulier, la propriété de l'objet légué n'est transférée au légataire, dès l'instant du décès du testateur, que tout autant que cet objet est une chose déterminée; sinon, elle n'est transférée que par la tradition ou la détermination de l'objet.

Le Code civil n'a subordonné à aucune condition de publicité la transmission par testament de la propriété des immeubles.

Succession.

La succession est la transmission, lors du décès d'une personne, de l'universalité des biens et des dettes ou, en langage technique, des droits actifs et passifs de cette personne.

La succession fait des continuateurs de la personne et de simples successeurs aux biens.

Les premiers, appelés héritiers légitimes, recueillent exactement tout l'ensemble des droits actifs et passifs du défunt, à moins qu'ils n'acceptent sous bénéfice d'inventaire. Dans ce cas, ils ne sont tenus des dettes que jusqu'à concurrence de la valeur des biens.

Les seconds, dits successeurs irréguliers, ne sont jamais obligés à payer les dettes que sur les biens de la succession et dans la mesure de la valeur de ces biens.

Loi.

D'après la législation actuelle, la loi est un des modes d'acquisition de la propriété. C'est ainsi que le père, durant le mariage, et, une fois le mariage dissous, le survivant des père et mère, ont, d'après le Code, la jouissance des biens de leurs enfants mineurs de dix-huit ans; c'est ainsi encore que, pour les épaves de mer (1), l'État, enseigne-t-on, acquiert en vertu de la loi (2).

(1) On appelle du nom d'*épaves* toutes les choses perdues et dont on ne connaît pas le propriétaire.

(2) Cette vue est fausse; la loi ne peut rien faire acquérir, la loi ne peut rien créer par elle-même; elle ne peut que constater des rapports nécessaires, ceux qui découlent, comme l'a dit Montesquieu, de la nature des choses, — et que consacre la justice.

Classifications des manières d'acquérir la propriété.

On distingue :

1º Des manières d'acquérir originaires ou primaires et des manières d'acquérir dérivées ou secondaires ;

2º Des manières d'acquérir à titre onéreux et des manières d'acquérir à titre gratuit ;

3º Des manières d'acquérir à titre universel et des manières d'acquérir à titre particulier.

Les manières d'acquérir *originaires* ou *primaires* font acquérir les choses qui n'ont encore appartenu à personne ; telles sont l'occupation et, dans certains cas, l'accession.

Les manières d'acquérir *dérivées* ou *secondaires* font perdre à l'un ce qu'elles font acquérir à l'autre ; en d'autres termes, elles sont à la fois modes de transmission et d'acquisition.

Cette distinction n'a, du reste, qu'une valeur toute théorique.

Il en est bien différemment de la suivante, nous entendons de la distinction des manières d'acquérir *à titre onéreux* et des manières d'acquérir *à titre gratuit.*

L'acquisition à titre onéreux implique un échange de produits, et, par conséquent, de travail ; dans cet échange, la propriété continue, des deux parts, à reposer sur la base de l'effort propre.

L'acquisition à titre gratuit est d'une tout autre nature ; elle détruit, pour celui qui acquiert, la nécessité de l'effort propre.

Aussi est-il impossible d'admettre que l'homme ma-

5.

jeur ait jamais, en principe, un droit à l'acquisition à titre gratuit.

Dans le Code civil, la transmission à titre gratuit est soumise à une série de restrictions qui ne s'appliquent pas à la transmission à titre onéreux. Ces restrictions concernent la forme des actes, la capacité du disposant, la disponibilité des biens, c'est-à-dire la possibilité légale d'en disposer.

L'acquisition à *titre universel* est celle qui embrasse, soit l'universalité ou une quote-part de l'universalité du patrimoine d'une personne, soit tous les immeubles ou tout le mobilier, ou une quotité fixe de tous les immeubles ou de tout le mobilier d'une personne; tels sont la succession *ab intestat*, le legs universel ou à titre universel.

L'acquisition à *titre particulier* est celle qui s'applique à un ou plusieurs biens déterminés.

A la différence des acquéreurs universels, les acquéreurs à titre particulier ne sont tenus, en général, d'aucune dette.

CHAPITRE IV

Nomenclature et définitions des démembrements de de la propriété communément admis.

La propriété comporte un assez grand nombre de *démembrements* ou fractionnements, reconnus en termes exprès et réglés par le Code civil, et, quant à nous, nous pensons même qu'elle comporte tous ceux que les parties auraient la volonté de créer, sous la double condition qu'elles n'attentent, en le faisant, ni à leur propre droit, ni à celui des autres.

Les démembrements de la propriété, reconnus par le Code ou par la plupart des auteurs, sont :

1º L'emphytéose ;

2º Le droit de superficie ;

3º Les servitudes personnelles (usufruit, usage, habitation) ;

4º Les servitudes réelles ;

5º Le droit de rétention ;

6º Le gage ;

7º L'antichrèse ;

8º Le privilège ;

9º L'hypothèque.

Voici maintenant la définition de chacun de ces droits :

1º *Emphytéose.* — Ce droit, dont le nom grec ἐμφύτευσις signifie plantation, défrichement, a varié dans son étendue comme dans sa durée possible, selon les temps et selon les lieux ; ce qui le caractérise, c'est d'être, immédiatement au-dessous de la propriété, le droit réel le plus vaste, car il emporte le droit de jouir et même de disposer d'un immeuble appartenant à autrui, sauf la charge pour l'emphytéote de payer au propriétaire une redevance périodique.

La Révolution a aboli chez nous l'emphytéose perpétuelle ; mais l'opinion qui prévaut en pratique, c'est qu'il demeure légal de constituer des emphytéoses temporaires, dont la durée maximum ne peut excéder, d'ailleurs, quatre-vingt-dix-neuf ans (1).

(1) Comme nous n'aurons pas l'occasion de traiter directement de l'emphytéose, nous en résumerons ici les principales notions historiques et théoriques.

L'emphytéose tira à Rome ses origines, dans différentes circonstances et à différentes dates, du besoin d'attribuer sans la propriété presque tous les avantages qui en résultent à certaines personnes se chargeant de mettre le sol en culture.

C'est ainsi qu'elle dut ses premiers développements aux concessions du domaine public (*ager publicus*) faites par les patriciens à leurs clients, de même aux baux perpétuels ou à long terme consentis par les cités pour le domaine municipal, et, plus tard, à l'époque où la propriété foncière se fut concentrée en un petit nombre de mains, c'est encore l'emphytéose qui fournit aux maîtres du sol le moyen d'empêcher que leurs terres ne tombassent en jachère.

Au Moyen-Age, au milieu de ces *tenures* si variées qui permirent de subalterniser l'homme à l'homme — le vassal au seigneur — à raison de la détention de la terre et qui formèrent le régime féodal, l'emphytéose revêtit un caractère nouveau ; maints propriétaires de biens roturiers s'en servirent pour se constituer une condition quasi-seigneuriale.

La Révolution fit disparaître de l'emphytéose comme des

Quant à la théorie de l'emphytéose, elle se ramène aux points suivants :

L'emphytéote a tous les droits de l'usufruitier (v. dans LES SERVITUDES l'usufruit), et, en outre, une faculté plus étendue de transformer la chose.

Il peut transmettre son droit, constituer des servitudes, concéder des hypothèques.

En revanche, il est obligé d'entretenir le fonds, et nous savons qu'il est tenu de payer une redevance annuelle.

L'emphytéote perdrait son droit par abus de jouissance et, selon une décision du droit romain, par défaut de paiement de la redevance pendant trois ans.

L'emphytéose ne s'éteint pas par la mort de l'emphytéote.

2° *Droit de superficie.* — Sous le Code civil, le droit de superficie est une sorte de droit de propriété limité aux constructions, plantes ou arbres qui se trouvent à la surface du sol, quand le dessous appartient à un autre. (V. plus haut, p. 26.)

Ce droit est perpétuel comme tout autre droit de propriété; mais rien n'empêche qu'il ne soit établi que pour un certain temps ou qu'il soit révocable.

3° *Servitudes personnelles.* — La servitude personnelle est un droit qui appartient à une personne individuellement déterminée contre le propriétaire d'un meuble ou d'un immeuble, et qui astreint ce dernier à souffrir le droit dans lequel consiste la servitude.

autres décompositions du domaine toute trace de féodalité et abolit, comme nous venons de le dire, l'emphytéose perpétuelle.

5..

Exemple. — Le fonds A dont Pierre est propriétaire est grevé d'une servitude d'usufruit au profit de Paul; cela veut dire, en conformité avec la définition, qu'il existe un droit d'usufruit au profit de Paul déterminément et individuellement, et que ce droit est opposable à quiconque, comme Pierre, serait propriétaire du fonds A.

4° *Servitudes réelles.* — La servitude réelle, c'est un droit qui appartient au propriétaire d'un immeuble contre le propriétaire d'un autre immeuble, et qui astreint ce dernier à souffrir le droit dans lequel consiste la servitude, ou à s'abstenir d'une certaine action.

Premier exemple. — Le fonds B est grevé d'une servitude de passage au profit du fonds A; cela veut dire, en conformité avec la définition, que quiconque est ou sera propriétaire du fonds A aura le droit de contraindre le propriétaire du fonds B à souffrir le droit de passage sur ce fonds.

Second exemple. — Le fonds B est grevé d'une servitude de *ne pas bâtir* au profit du fonds A; cela veut dire, toujours en conformité avec la définition, que quiconque est ou sera propriétaire du fonds A aura le droit de contraindre le propriétaire du fonds B à ne pas bâtir sur le fonds B (1).

5° *Droit de rétention.* C'est le droit pour une personne de retenir la chose qu'elle a entre ses mains, lorsque la personne à laquelle elle est tenue de la rendre

(1) C'est ce qu'en langage technique on exprime en disant, pour ce cas et pour tous ceux qui lui ressemblent, que la servitude alors est de *ne pas faire.*

est obligée envers elle, relativement à la même chose.

Exemple : Je vous vends au comptant une chose, moyennant un prix déterminé ; je suis tenu de vous délivrer la chose, et vous de me payer le prix convenu ; si vous ne me payez pas ce prix, j'aurai par rapport à la chose le droit de rétention jusqu'à ce que vous m'ayez payé.

6o *Gage.* C'est le droit qui porte sur un meuble que le débiteur a remis à son créancier, comme garantie de ce qu'il lui doit.

Exemple : Je vous dois mille francs et je vous remets ma montre comme garantie.

7o *Antichrèse* (de χρῆσις, usage, et ἀντί, en échange). C'est un droit analogue au gage, mais dans lequel la chose remise au créancier est un immeuble au lieu d'être un meuble.

8o *Privilège.* C'est le droit que donne la qualité de la créance d'être préféré à tous les autres créanciers, même hypothécaires, et de suivre la chose sur laquelle il porte même entre les mains des tiers détenteurs.

Entre eux, les privilèges se classent d'après la qualité que la loi attribue à la créance.

Premier exemple : Le bailleur d'une maison a pour le paiement de ses loyers un privilège sur les meubles de son locataire, c'est-à-dire qu'il a, d'une manière générale, le droit de se faire payer sur ces meubles avant les autres créanciers et de les revendiquer pendant un certain temps (quarante jours) entre les mains des tiers.

Second exemple : Le vendeur d'un immeuble a un privilège sur les immeubles pour le paiement du prix de vente, c'est-à-dire qu'il a, d'une manière générale, le droit de se faire payer sur ces immeubles avant les autres créanciers et de faire exproprier à cette fin la chose, même entre les mains des tiers détenteurs.

9° *Hypothèque.* - - Comme le privilège sur les immeubles, l'hypothèque donne au créancier le droit d'être préféré aux autres sur l'immeuble ou sur les immeubles hypothéqués et de faire exproprier cet immeuble ou ces immeubles même entre les mains des tiers détenteurs.

Entre elles, les hypothèques se classent d'après la date de leur inscription.

Elles sont primées, en principe, par les privilèges.

Exemple : Je vous dois mille francs, et, comme garantie du paiement de ces mille francs, je consens à votre profit, jusqu'à concurrence de cette somme, une hypothèque sur un de mes immeubles. Supposons, en outre, que cette hypothèque ait été consentie le 1er mars et inscrite le 1er avril, elle prendra rang à partir du 1er avril.

Remarque générale. -- Comme la propriété elle-même, tous les démembrements de la propriété sont des droits réels, c'est-à-dire des droits susceptibles d'être opposés à quiconque en contesterait l'existence.

La doctrine divise, d'ailleurs, les droits réels en principaux et accessoires : les premiers, ceux qui existent par eux-mêmes ; les seconds, ceux qui sont l'accessoire d'une créance. Ainsi, la propriété, l'emphytéose, le droit de superficie, les servitudes tant per-

sonnelles que réelles, sont des droits réels principaux ;
le droit de rétention, le gage, l'antichrèse, le privilège,
l'hypothèque, sont des droits réels accessoires (1).

CHAPITRE V

Notions générales de la possession.

Au sens le plus absolu, la possession, comme l'indique la langue usuelle, est le fait d'avoir une chose à sa libre disposition.

D'ordinaire, la possession est le fait qui correspond au droit de propriété ; elle est l'exercice du droit de propriété. Elle peut, de même, être le fait qui correspond à un démembrement de la propriété. Ainsi, exercer le droit d'usufruit, c'est posséder l'usufruit.

Mais la possession peut être séparée du droit de propriété comme de tout droit à un démembrement de la propriété.

Et alors il peut se présenter deux situations :

Ou la personne qui possède la chose entend exercer

(1) Il y a à noter que très souvent le Code emploie le mot de *propriété* dans un sens collectif pour désigner la propriété et ses démembrements.

pour elle-même le droit de propriété ou le droit à un démembrement de la propriété : c'est le cas du possesseur de bonne foi et du possesseur de mauvaise foi (v. plus haut, pp. 33 et 34), même celui du voleur.

Ou bien la personne qui possède la chose n'entend exercer le droit de propriété ou le droit à un démembrement de la propriété que pour un autre : c'est le cas du fermier ou du locataire.

Cette dernière possession prend le nom de *détention*.

Nous nous bornerons à dire ici que la première situation est susceptible de produire en droit quatre principaux effets, savoir :

L'acquisition des fruits de la chose ;

Le rôle de défendeur dans l'action pétitoire (1) ;

Le droit aux actions possessoires ;

L'acquisition de la propriété par la prescription (2).

Quant à la seconde situation, elle donne au détenteur :

Le droit de repousser par la force les actes qui tendraient à lui enlever la chose qu'il détient et d'obtenir

---

(1) On appelle action *pétitoire* toute action se rapportant à la revendication de la propriété ou, en général, d'un des démembrements de la propriété.

Dans l'action ou dans les actions *possessoires*, à l'inverse, on laisse de côté la question de propriété pour ne s'attacher qu'à la circonstance de la possession ; mais quelles sont les conditions que doit remplir la possession pour donner lieu à l'action ou aux actions possessoires ? Le point est obscur et des plus débattus.

(2) Car, triste infirmité de notre droit, et bien qu'on ait tenté de le nier, le voleur même, d'après nos lois, acquiert par prescription.

par une action en justice la restitution de cette chose, lorsque c'est une voie de fait qui l'en a dépouillé;

Le droit de retenir la chose et d'en refuser la restitution jusqu'au remboursement de ce qui peut lui être dû à l'occasion de cette chose.

APPENDICE.

Propriété des œuvres de l'intelligence (propriété littéraire, artistique et industrielle).

De même que toute propriété, celle des œuvres de l'intelligence est fondée sur cette idée générale que l'homme a droit au développement le plus complet possible de ses facultés, et sur cette idée juridique qu'il a droit aux fruits de son travail.

On peut ajouter que la propriété des œuvres de l'intelligence, ayant pour objet ce qu'il y a de plus intime dans chaque homme, la pensée, et portant en elle le témoignage le plus accusé de l'activité personnelle, est plus fortement empreinte d'individualité que toute autre.

Cependant le législateur a refusé à la propriété littéraire et artistique et à la propriété industrielle l'attribut essentiel de toute propriété, à savoir la perpétuité, et nous avons dit plus haut comment est réglementée la durée de l'une et de l'autre.

Quant à nous, sans entrer dans le détail des thèses que soulèvent le droit des auteurs et celui des inventeurs sur leurs œuvres, nous ajouterons quelques considérations tout élémentaires.

Ou bien il faut, selon nous, dénier le caractère de la propriété au droit de l'écrivain, de l'artiste ou de l'industriel sur ce qu'il a conçu, et alors il n'existe et ne saurait exister aucun droit défini ou susceptible d'être défini pour l'écrivain, l'artiste ou l'industriel, — ou ce droit est une propriété; or, qui dit droit de propriété dit en même temps droit perpétuel, car on ne comprendrait pas plus les droits de jouir et de disposer qui constituent la propriété comme pouvant être limités dans leur durée que dans leur étendue.

La seule limite du droit de chaque homme, c'est toujours celui des autres.

Est-ce à dire que, dans le droit de propriété, il y ait à faire abstraction de l'objet auquel il s'applique, et, sans sortir du domaine des objets matériels, ne sait-on pas combien diffèrent entre elles la propriété des meubles et celle des immeubles ?

On peut donc prévoir que la propriété qui s'applique à la pensée, sous les conditions inhérentes à toute propriété, comportera de son côté des particularités plus ou moins nombreuses. L'erreur a été de croire que, parce que l'on reconnaîtrait la perpétuité de la propriété littéraire, artistique et même industrielle, on arriverait à monopoliser l'idée.

Le droit d'avoir la même idée qu'un autre appartient à chacun; Leibnitz et Newton, par exemple, avaient le même droit de découvrir, chacun séparément, le calcul différentiel et intégral, et ils auraient eu le même droit de tirer un profit matériel de leur découverte, et un troisième, un quatrième, auraient eu le même droit qu'eux.

Ce qui n'est pas plus permis dans l'ordre intellectuel que dans l'ordre matériel, c'est de s'emparer en propre de l'effort d'autrui. Question de fait et de preuve.

TABLE DES MATIÈRES

LA PROPRIÉTÉ

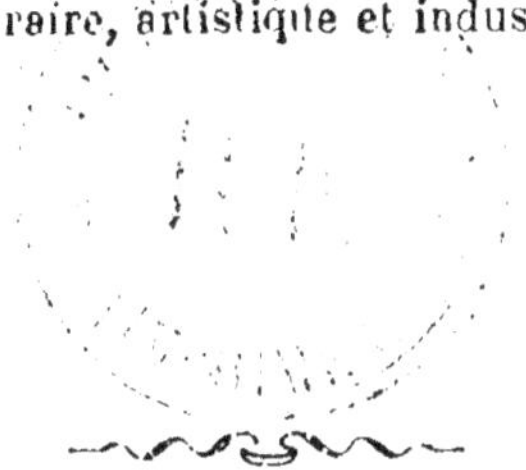